Peter Kummer

Wunderwerk
Unterbewußtsein

Peter Kummer

Wunderwerk Unterbewußtsein

Die Kraft des konstruktiven Denkens

Vorwort von Dr. Jean Murphy

Herbig

Gedruckt auf chlorfrei gebleichtem Papier

© 1993 F. A. Herbig Verlagsbuchhandlung GmbH, München
Alle Rechte vorbehalten
Umschlag: Wolfgang Heinzel
Satz: Filmsatz Schröter GmbH, München
Gesetzt aus: 11/13 Punkt Optima auf Linotronic 300
Druck: Jos. C. Huber KG, Dießen
Bindung: R. Oldenbourg, München
Printed in Germany
ISBN 3-7766-1814-0

»Hör auf zu suchen,
laß Dich finden.«

Graf Dürckheim

»Ein Gott ist der Mensch,
wenn er träumt;
ein Bettler, wenn er nachdenkt.«

Friedrich Hölderlin

Dank

all den Menschen, die mich seit Jahren mit Rat und Tat unterstützen und durch ihr persönliches Engagement – gleich einem Mosaikstein – mit dazu beigetragen haben, daß dieses Buch entstehen konnte. Neben den vielen ungenannten Personen möchte ich vor allem meiner Frau Edith und meiner Sekretärin Anette Schefzik für ihren unermüdlichen Einsatz danken, ebenso wie auch meiner Seminarleiterin Monika Junghanns und unserer Assistentin Anni Strobel, die beide wesentlichen Anteil am Entstehen des Buches und den es begleitenden Seminaren haben. Dank – obwohl ihm dies nicht recht sein wird – auch meinem Freund und Lektor Hermann Hemminger, der es wie kein Zweiter versteht, Autoren zu motivieren und zu führen, und der mit seiner stets ausgleichenden Art so manche Woge glättet. Last but not least gilt mein besonderer Dank allen Mitarbeitern des Herbig-Verlages, allen voran meinem Verleger Herrn Dr. Herbert Fleissner sowie seiner Verlagsleiterin Frau Dr. Brigitte Sinhuber, die mir beide ihr volles Vertrauen schenkten und damit federführend daran beteiligt waren, dieses Buch aus der Taufe zu heben.

Peter Kummer

Inhalt

Vorwort: Dr. Jean Murphy   10

Was ist konstruktives Denken?   13

1. Kapitel: Wieviel wiegt ein Gedanke?   17

Der Mensch und die Welt 22   Der Mensch lernt Schritt für
Schritt 23   Algarve, Algarve 24   Bilderdenken 25

2. Kapitel: Was Überzeugung bewirken kann   27

Ein kluger Chef 32   Wie Haß töten kann 34
Oft sind wir nicht »echt« 36   Clown 40

3. Kapitel: Es geht los!   45

Phantasiereisen 49   Werden Sie bitte kein reiner
»Konsument« 56

4. Kapitel: Die Lüge   63

Eine eifersüchtige Sekretärin 66   David und Goliath 69
Über das Loslassen 72   Binnenbriefe 73

5. Kapitel: Geheime Verstecke 79

Sie sind sich nicht »grün« 84   Was soll das? 84   Haben
Sie Probleme? 89   Wie mein erstes Buch entstand 91
Die Fahrt zum Gardasee 93   Der Unfall 96
Parkplatzsuche 98

6. Kapitel: Ein Metzgersgang 103

Der mächtige Kobold »Angst« 108   Reisen zu den Traum-
stränden der Welt 110   100 kluge Sprüche 113   Sprengen Sie Ihre Fesseln 114   Ein Traum wird Wirklichkeit 114
Verrottete Wasserpumpen 117

7. Kapitel: Bitte keine Risiken! 123

Das Faultier 126   Gesetzmäßigkeiten 127   Die Notlandung 128   Feuerlauf 130   Schutzengel 131   Präzisionsarbeit 133 Lernen Sie das Fliegen 134   Top oder
Flop? 135   Probleme sind immer hausgemacht 137

8. Kapitel: Acapulco 143

Ulm statt Allgäu 146   Mit 17 hat man noch Träume 148
Sie »Zufall« Sie 150   Die Atheistin 151   Sie sind
magnetisch 154

9. Kapitel: Vergenußzwergeln Sie niemanden! 159

Der Spieler 164   Ist das Leben unfair? 165   Die
Schlange 168   Der FC Bayern-»Himmel« 169   Der
Schluckauf ist weg! 170 Der Denkfehler 171   Der große
Joseph Murphy 175   Die Insel 180   Methusalixe 182
Die »Ich bin«-Automatik 182   Eine Verkaufskanone 183
Kaffeekränzchen 184

10. Kapitel: Ersatzbefriedigungen 189

Die Grenzen des Bewußtseins 193   Dein Glaube hat
Dir geholfen 194   Lebensspendende Denkmuster 196
Die Arbeit mit Subliminals 201

11. Kapitel: Was ist Erfolg? 205

Alles ist schon immer bekannt 208
Der Club der Miesmacher 210   Sind Sie arbeitslos? 212
Wichtig: Vertrauen aufbauen 214   Wichtig: Schritt für
Schritt vorgehen 219   Wichtig: Ziele setzen 220
Wichtig: Sich selbst vertrauen 221 Wichtig: Nicht darüber
diskutieren 222   Wichtig: Sich nicht verstecken 223

Begriffserläuterungen 225

Literaturhinweise 228

It is gratifying to know that best-selling author Peter Kummer has written another excellent book, elaborating the powers and principles expounded by the late Dr. Joseph Murphy. Mr. Kummer's dynamic work offers specific methods and guidelines by which you can achieve your goals and aspirations and immeasureably improve the quality of your life. You have the marvelous opportunity of applying great truths, as Mr. Kummer writes with the enthusiasm and conviction of one who has demonstrated and proved the laws of mind and the way of Spirit within the mind and heart of everyone.

Jean L. Murphy
(Mrs. Joseph Murphy)

Laguna Hills, California
June 1993

Vorwort

Es ist erfreulich, daß Bestseller-Autor Peter Kummer nunmehr mit einem weiteren exzellenten Buch aufwarten kann, in dem er die Kräfte und Prinzipien, die von dem verstorbenen Dr. Joseph Murphy dargelegt wurden, verständlich macht.

Peter Kummers dynamisches Werk bietet spezifische Methoden und Leitlinien, mit denen Sie Ihre Ziele und Bestrebungen erreichen und Ihre Lebensqualität über alle Maßen verbessern können. Sie haben die großartige Gelegenheit, die großen Wahrheiten in Anwendung zu bringen, denn Mr. Kummer schreibt mit Begeisterung und Überzeugung als jemand, der die Wirksamkeit der geistigen Gesetze und des spirituellen Weges im Gemüt und Herzen eines jeden Menschen an sich selbst bewiesen hat.

Jean L. Murphy
(Mrs. Joseph Murphy)

Laguna Hills, Kalifornien
Juni 1993

Was ist konstruktives Denken?

Was fällt Ihnen spontan ein, wenn Sie die Worte »positives Denken« hören? Die meisten Menschen kennen diese beiden Schlagworte seit Jahren und geben auch gerne zu, daß es besser ist, »positiv« zu denken, und sie räumen auch ein, daß die vielfältigen Probleme unserer Zeit ohne eine positive Lebenseinstellung oft gar nicht gemeistert werden könnten. Vielen fällt in diesem Zusammenhang dann noch das Beispiel mit jener berühmten Wasserflasche ein, die man entweder als halbvoll oder als halbleer bezeichnen kann, je nachdem, ob man die Sache positiv oder negativ sieht. Danach ist aber die Mehrheit der Menschen schon am Ende ihres Lateins, diesen Slogan betreffend.

Millionen in aller Welt haben die Bücher von Dr. Joseph Murphy gelesen, in denen der große amerikanische Lebenslehrer Techniken anbietet, mit denen all die Probleme angegangen werden können, denen wir im Laufe eines Lebens begegnen. Seine Leser haben verwundert erfahren, daß man Krankheiten auflösen, Gebrechen besiegen, Armut in Wohlstand verwandeln sowie alle Sorgen und Nöte des Alltags überwinden kann, wenn man dies wirklich will. In jedem seiner zahlreichen Bücher hat Dr. Murphy Hunderte von Beispielen angeführt, die belegen, daß dies alles völlig mühelos machbar ist. Ein jeder kann also im Wohlstand leben, gesund und glücklich sein, ein schönes Heim besitzen und sorgenfrei der Zukunft entgegensehen, wenn er dies wirklich und ohne Vorbehalt möchte.

Die Käufer seiner Bücher sowie Abermillionen Hörer und Seher seiner zahlreichen Rundfunk- und Fernsehsendungen in den USA belegen noch heute – mehr als zehn Jahre nach seinem Tod –, wie groß das Interesse an den Gesetzen des Geistes nach wie vor ist. Der Grund aber, warum die wenigsten Menschen Murphys Empfehlungen in die Tat umsetzen können, ist der, daß es meist am notwendigen Willen und Durchhaltevermögen des einzelnen mangelt.

Die Techniken selbst sind mehr als zehntausend Jahre alt, und kein geringerer als Jesus Christus selbst hat sich ihrer ständig bedient. In der Bibel lesen wir zum Beispiel, daß er stets zu den von ihm geheilten Menschen sagte: »Nicht ich habe Dir geholfen, Dein Glaube hat Dir geholfen.«

Vor vielen Jahren habe ich aus einer Notsituation heraus begonnen, mich mit Dr. Murphy und diesen uralten Lehren zu beschäftigen, und ich habe die von ihm vorgeschlagenen Techniken konsequent angewandt und mit Leben erfüllt. Im Laufe der Zeit stellten sich dann mehr und mehr Erfolge ein – geschäftlich wie auch privat –, und ich lernte dadurch sehr eindrucksvoll, daß man Fehlschläge niemals als solche hinnehmen muß, sondern daß man immer und jederzeit in der Lage ist, sie ohne großen Aufwand postwendend wieder in Erfolge umzuwandeln.

Ich analysierte meine vermeintlichen Mißerfolge, indem ich mir meine Gedanken aus der Vergangenheit wieder ins Gedächtnis rief, und in 90 von 100 Fällen erkannte ich, daß genau diese (meine damalige) »Gedankensaat« heute Früchte trug und ich lediglich auf der Stelle meine Gedanken ändern mußte, um künftig gegenteilige – also positive

– Wirkungen zu erzielen. Damals, vor 15 Jahren, war ich pleite, verbittert, kränklich und ich gefiel mir vor allem sehr darin, alle meine Probleme auf andere Menschen und auf angeblich widrige Umstände zu schieben. Heute dagegen erreiche ich das, was ich mir zum Ziel gesetzt habe, weil ich im Laufe der Zeit völlig klar erkannte, daß nur ich es bin, der für diese inneren Bilder, meine Zukunft betreffend, verantwortlich ist, welche letztendlich wieder die Samen für meine künftigen Erfolge oder Mißerfolge sein werden.

Aus diesem Grund habe ich dann auch anderen Menschen geholfen, die Gesetze des Geistes sowie die des Denkens und Handelns zu erlernen, und im Jahre 1990 habe ich mein erstes Buch mit dem Titel »Nichts ist unmöglich« geschrieben. Dies habe ich ganz bewußt in Form eines Arbeitsbuches getan, in dem Wissen, daß immer nur das »Tun«, verbunden mit einem eisernen Willen und viel Durchhaltevermögen, positive Ergebnisse bringen kann. Dieses zweite Buch nun baut darauf nicht nur direkt auf, sondern es vertieft die verschiedenen Beispiele und Techniken, damit Sie noch besser damit arbeiten können und noch schneller in die Lage versetzt werden, selbst Erfolg an Erfolg zu reihen.

Die Menschen suchen das Glück überall auf der Welt, nur nicht dort, wo es zu finden ist – nämlich in ihnen selbst. Es ist zunächst völlig egal, wie wir diese innere Kraft in uns bezeichnen; viel wichtiger ist es, sich ihrer bewußt zu werden und sie richtig zu nutzen. Welchen Namen wir ihr geben, ist absolut nebensächlich. Die Kraft des Glaubens, des Vertrauens und der Liebe, die in jedem Menschen darauf wartet, erkannt, befreit und letztendlich auch genutzt zu werden, gilt es heute mehr denn je zu fördern, denn wir sind nicht nur Körper. Wir haben – was viel wichtiger ist – eine feinstoffliche, nicht greifbare und doch

15

so gewaltige Kraft in uns, die – richtig kanalisiert und in Bahnen gelenkt – Not und Elend, Haß und Feindseligkeit, Armut und Unterdrückung in der ganzen Welt überwinden kann.

Aber wie bei einem Puzzle ist ohne das kleinste Teilchen das Ganze nicht perfekt, und deshalb muß jeder einzelne damit beginnen, sein Denken zu verändern, um damit auch seine Lebensumstände besser in den Griff zu bekommen. Alles ist möglich durch die – leider noch nicht sehr vielen Menschen bekannte – Urkraft des »Konstruktiven Denkens«. Diese Kraft muß gerade deshalb, weil sie so einfach und vor allem so mühelos zu handhaben ist, viel, viel populärer gemacht werden. Aus diesem Grund habe ich mich entschlossen, ein weiteres Buch zu diesem Thema zu schreiben, um Ihnen darin erneut die Möglichkeit zu geben, Ihre praktische Arbeit mit Ihrem Unterbewußtsein zu erweitern und zu vervollkommnen.

Ich würde mir wünschen, daß auch Sie einmal so weit kommen, wie ich es heute bin – obwohl ich sehr genau weiß, daß ich selbst auch noch in den Kinderschuhen stecke, was das unbegrenzte Potential meiner Möglichkeiten betrifft.

Lassen Sie uns also aufs neue mit unserer gemeinsamen Arbeit beginnen.

Herzlichst
Ihr Peter Kummer

1. Kapitel

Im 1. Kapitel lesen Sie,

- wieviel ein Gedanke wiegt

- über den Menschen und die Welt

- warum Sie einen Schritt nach dem anderen machen sollten

- wo die Algarve Baden-Württembergs liegt

- warum es wichtig ist, in Bildern zu denken

Wieviel wiegt ein Gedanke?

Nehmen wir einmal an, ein Gedanke hätte ein ganz bestimmtes Gewicht. Dann müßte doch ein mehrfach gedachter Gedanke auch mehr wiegen als nur ein einfach gedachter, und ein tausendfach wiederholter Gedankengang müßte doch nach dieser Theorie tausendfach schwerer sein. Richtig? Wenn wir nun das Wort »Gewicht« durch das Wort »Verwirklichungstendenz« ersetzen würden, so wäre es doch ebenfalls recht logisch, daß ein oft genug wiederholter Gedankengang sich schließlich manifestiert, das heißt materialisiert – oder anders ausgedrückt, daß er »Fleisch«, also greifbare oder sichtbare Wirklichkeit wird.

Mit anderen Worten: Das zunächst Unsichtbare, Feinstoffliche wird zu sichtbar Grobstofflichem, so wie Tausende von Partikeln Feuchtigkeit – die man ja einzeln auch nicht greifen kann – sich zu Wassertropfen zusammenfinden. Eine Vielzahl dieser Wassertropfen kann man dann wiederum in einen Eisblock verwandeln, indem man sie mehrere Stunden einfriert. Auf diese Weise wird zunächst unsichtbar Feinstoffliches sehr schnell zu sichtbar Grobstofflichem.

Auch wenn wir Menschen es nicht wahrhaben wollen, aber ganz genau so funktioniert unser Leben auf dieser

Erde. Jeder Gedanke, der einem wichtig ist und der sich dadurch bewußt oder unbewußt ständig wiederholt, hat die Tendenz, sich zu verwirklichen. Wir sind demnach nichts anderes als das, was wir im Laufe unseres Lebens dominant, nachhaltig und x-fach wiederholt gedacht haben.

Wie bei der Zeugung eines Kindes gehören aber auch hier immer zwei Parteien dazu, einen Gedanken zu materialisieren, nämlich erstens der Geist, der ihn hervorbrachte, und zweitens das Gefühl, das ihn befruchtet, denn kein Gedanke kann sich manifestieren, wenn er nicht gefühlsbeladen ist. Deshalb verläuft das Leben der meisten Menschen auf unserem Planeten unter der Rubrik »Vermischtes«, das heißt ohne große Schwankungen. Auf das Materielle bezogen bedeutet dies, daß die meisten Menschen sich weder vorstellen können, besonders reich zu sein, noch andererseits pausenlos am Hungertuch nagen zu müssen; und weil diese beiden konträren Extreme schon gar nicht gedanklich in Betracht gezogen werden, besteht auch kaum die Hoffnung oder die Gefahr, daß auch die anderen beiden sehr unterschiedlichen Gefühle »Freude« oder »Angst« diesbezüglich tätig werden können, um eine der beiden angesprochenen Lebensqualitäten »Reichtum« beziehungsweise »Armut« zu verwirklichen.

Ganz anders dagegen verhält es sich auf dem Sektor der Gesundheit und Sicherheit. Hier tragen die Berichte in Rundfunk, Fernsehen und der Presse einen großen Teil dazu bei, Ängste vor Kriegen, Krankheiten und ähnlichem zu fördern. Es schleicht sich nämlich, während wir solche Sendungen sehen, sehr oft ein negatives Gedankenbild in unseren Geist ein, nämlich das der Angst, selbst einmal Opfer eines Krieges, eines Verbrechens oder auch einer schweren Krankheit zu werden. Und schwupp, schon hat eine »Paarung« – ein geistiger Geschlechtsakt – stattgefunden, der – lange genug gehegt und gepflegt, das heißt ständig befürchtet –, eines schönen Tages dann eben genau jene Situation heraufbeschwört, vor der man sich fürchtete und die man keinesfalls selbst erleben wollte.

Wenn dies alles aber tatsächlich so ist, dann erhebt sich doch gleichzeitig wiederum die Frage: Sind wir denn nur ein Spielball unserer Gefühle? Dies kann man wie folgt beantworten: Negative Lebenserfahrungen sind zuallererst eine Folge der Unkenntnis der geistigen Gesetze, deren richtige Handhabung leider noch in keiner Schule gelehrt wird. Wenn man aber die Handhabung und Funktionsweise des Unterbewußtseins genau kennt und weiß, wie man damit umzugehen hat, trotzdem aber immer noch negative Erfahrungen macht, so ist dies ganz einfach eine Art von Denkfaulheit, die durch nichts, aber auch gar nichts, zu entschuldigen ist.

Ich möchte Sie deshalb mit meinem Buch in die Lage versetzen, Ihrem Leben – falls dies notwendig ist – eine Wende zum Besseren zu geben. Viele Menschen haben, noch bevor sie mit ihrer geistigen Arbeit begonnen haben, zunächst einmal das Problem, dieser inneren Kraft einen Namen zu geben. Sie vermeiden meist sehr hartnäckig das Wort »Gott« und weichen auf andere Namen wie »geistige Macht«, »innere Kraft«, »Unterbewußtsein«, »geistiger Führer«, »Überbewußtsein« und viele andere mehr aus. Auch mir ging es anfangs so, denn mit Religion und Kirche glaubte ich seit der Schulzeit auf Kriegsfuß zu stehen, bis mir eines Tages ein Freund erklärte, daß das Wort »Gott« aus der gotischen Sprache komme und nichts anderes bedeute als »gut«.

Obwohl ich dies niemals geprüft habe (vielleicht lediglich deshalb, um nicht enttäuscht zu werden), konnte ich mich jetzt mit dem Wort »Gott« ganz plötzlich wieder anfreunden, erhebe aber keinen Anspruch darauf, daß Sie dies genauso tun müssen. Nennen Sie diese immense Kraft in sich, wie Sie wollen, nur: Beginnen Sie damit, mit ihr zu arbeiten; das ist viel wichtiger, als Titel zu verteilen.

Sie werden im Laufe dieses Buches viele Beispiele finden, die sich mit den verschiedensten Varianten des konstruktiven Denkens beschäftigen und die Sie zugleich mit der Vielfalt der Möglichkeiten und Techniken vertraut machen sollen. Versuchen Sie mit der Zeit, die Zusammenhänge, die ich Ihnen immer wieder erkläre und erläutere, nachzuvollziehen und zu verstehen. Sie sollen nämlich sehr genau wissen, was Sie tun – und auch, warum Sie es tun. Durchhaltevermögen und die daraus resultierenden späteren, positiven Ergebnisse sind nur dann möglich, wenn Sie Ihre geistige Arbeit aus der Überzeugung heraus tun, daß das Ganze auch funktioniert.

Der Mensch und die Welt

Ein Vater, der seinen kleinen Sohn beschäftigen wollte, um von diesem nicht bei einer wichtigen schriftlichen Arbeit gestört zu werden, schnitt in seiner Verzweiflung eine Seite aus einer Modezeitschrift heraus, auf der eine Weltkarte abgebildet war, zerriß diese in etwa 20 Teile und beauftragte seinen Filius damit, die Weltkarte, ähnlich einem Puzzle, wieder zusammenzusetzen. Der aufgeweckte Junge aber erkannte sehr schnell, daß auf der Rückseite dieser Weltkarte ein Mensch abgebildet war, und so begann er nicht damit, die Weltkarte zusammenzusetzen, sondern er setzte den auf der Rückseite abgebildeten Menschen wieder zusammen.

Der irritierte Vater fragte den Sohn dann etwas überrascht, wie er denn so schnell die Weltkarte wieder habe zusammensetzen können, und dieser gab eine einfache, aber deshalb nicht weniger plausible Antwort: »Weißt du, Vati«, sagte er, »ich habe mir gedacht, wenn der Mensch in Ordnung ist, dann muß doch auch gleichzeitig die Welt in Ordnung sein!«

Dieser Junge hatte völlig recht, denn genauso ist es in unserem Leben; man muß im Kleinen beginnen, um einmal auch das Große verändern zu können, und dies hatte dieser pfiffige Junge intuitiv erkannt und auch sofort umgesetzt. Es ist wirklich wahr: So wie der Mensch denkt, so ist er. Dieser Satz klingt zwar etwas provokant, entspricht aber genau der Wahrheit, denn nur die Überzeugungen, die wir von uns selbst haben, sind ausschließlich die Basis unserer Erfolge oder Mißerfolge.

Der Mensch lernt Schritt für Schritt

Wenn ein Mensch geboren wird, so könnte man ihn ohne weiteres mit einer leeren Tonbandcassette oder einer Computerdiskette vergleichen, denn beide können immer nur das wiedergeben, was auf ihnen gespeichert ist.

Ein Tonband kann, wenn es einmal mit dem Radetzky-Marsch bespielt wurde, niemals das Kufstein-Lied wiedergeben. Der neugeborene Mensch lernt zunächst durch Greifen und Tasten seine Welt kennen. Jeder Lernschritt, den er dabei macht, prägt sich seinem Erinnerungsvermögen, also seinem Unterbewußtsein ein und kann dort auch ständig wieder abgerufen werden. Ein Kleinkind, das beispielsweise sehr hungrig ist, weiß nicht, was eine Babyflasche, gefüllt mit Milchpulver und Wasser, ist, aber es weiß nach einer Weile, daß es etwas zu essen gibt, wenn die Mutter sich ihm mit einer solchen Flasche in der Hand nähert; und deshalb freut es sich dann sehr darüber, wenn es die Mutter, mit der Flasche in der Hand, kommen sieht. Wenig später kann es dann schon den Unterschied zwischen einer vollen und einer leeren Flasche wahrnehmen. Im Säuglingsalter aber spürt es nur, ob etwas herauskommt oder nicht, wenn es am Schnuller zieht. Schritt für Schritt lernt ein Kind also, Erfahrungen abzuspeichern und diese auch später wieder abzurufen, und dies wird bis zu seinem Lebensende ständig so weitergehen.

Wer beispielsweise das Rote Meer noch nie gesehen hat, der wird vielleicht, wenn er als Kind etwas davon hört, sich ein Bild von einem roten Gewässer machen. Ein anderes Kind dagegen, das mit seinen Eltern schon einmal Urlaub am Roten Meer machte, wird sofort das richtige Bild, das sich ihm während des Urlaubs einprägte, abrufen können und niemals an rotes Wasser denken.

Algarve, Algarve

Als ich einmal mit einer früheren Freundin zusammen einen Sommerurlaub plante, spielte ihre damals zweijährige Tochter auf dem Fußboden, während wir beide Ferienprospekte wälzten. Am Ende dieses Tages hatten wir uns dann beide für einen vierzehntägigen Urlaub in Albufeira an der portugiesischen Algarveküste entschlossen. Noch am selben Abend zeigte ich der Kleinen im Reiseprospekt die Bilder von den steilen, roten Felsen der Algarveküste, die unmittelbar hinter dem Strand in die Höhe ragten. Als wir das Kind nach wenigen Tagen fragten, wohin wir in den Ferien fahren würden, kam dann auch gleich die prompte Antwort: Algarve!

Wenige Wochen vor unserer Abreise und etwa ein halbes

Jahr nach unserer Entscheidung fuhren wir eines Samstag nachmittags über Land, um eine befreundete Familie zu besuchen. Als ich meinen Wagen über eine Bergkuppe lenkte, sah ich in der Ferne vor uns einen Steinbruch, den man von dieser Stelle aus sehr gut einsehen konnte. Man erkannte den sandigen Boden und die steil aufragenden Felswände. Auf einmal begann die kleine Tochter meiner Freundin sich in ihrem Kindersitz auf der Rückbank aufzubäumen, die Hand mit dem gestreckten Finger zu heben und ganz begeistert auszurufen: »Algarve! Algarve!« Wir mußten beide herzlich lachen, aber damit wurde wieder einmal klar unter Beweis gestellt, daß der Mensch immer zuerst von einem inneren Bild seine Impulse bekommt, und jener Steinbruch erinnerte nicht nur die Kleine auf dem Rücksitz, sondern auch uns beide ganz frappant an die Steilküste der Algarve in Portugal, so wie sie auf den Bildern in den Reiseprospekten abgebildet ist.

Bilderdenken

Versuchen Sie einmal folgenden Test: Setzen Sie sich ganz ruhig hin, atmen Sie ein paarmal tief durch und schließen Sie die Augen. Lassen Sie sich dann einmal von jemandem verschiedene Worte zurufen, beispielsweise »Banane«, »Orange«, »Haus«, »Kokosnuß«, »Gebirge«, »Blumenvase« und so weiter. Sie werden feststellen, daß Ihnen automatisch die jeweils zugerufenen Gegenstände vor Ihrem inneren (oder auch geistigen) Auge erscheinen. Nun ruft Ihnen Ihr Partner aber auf einmal das Wort »Cocoa« zu, und plötzlich müssen Sie – wenn Sie diese Insel im Ari-Atoll der Malediven noch nie besucht haben – möglicherweise zurückfragen: »Wie bitte?« Im Gegensatz zu jemandem, der diese Insel kennt, sehen Sie gar nichts, denn in Ihrem Computer ist in Verbindung mit diesem Begriff überhaupt kein Bild gespeichert; ein anderer dagegen, der diese Insel kennt, sieht sofort jenes schöne, weiße Eiland inmitten des Indischen Ozeans, das mit Palmen bewachsen ist und strohbedeckte Bungalows für Touristen beherbergt. Wenn aber Ihr Partner auf Ihre Rückfrage nun antwortet: »Es handelt sich um eine Insel der Malediven im Indischen Ozean«, so können auch Sie doch plötzlich wieder etwas mit diesem Begriff anfangen; denn selbst wenn Sie sich noch nie damit beschäftigt haben, so standen Sie vielleicht irgendwann an einem verregneten Nachmittag vor dem Schaufenster eines Reisebüros und haben voll Wehmut das Bild einer solchen Insel in der Sonne betrachtet. Gerade weil beim Anblick dieser Insel eine Portion Wehmut im Spiel war, erinnern Sie sich auch sofort wieder an das Bild und können es abrufen. Wehmut ist also ein Gedanke, der direkt mit einem Gefühl in Verbindung steht, und deshalb ist er – wie schon eingangs erwähnt – viel gewichtiger als ein Gedanke ohne diesen Zusatz.

Bei welchem Bild beispielsweise würde Ihnen denn eher das Wasser im Munde zusammenlaufen, bei a) »Fleisch«, »Kartoffeln«, »Sauce«, »Salat«, oder b) »Züricher Kalbsgeschnetzeltes in Sahnesauce«, »Schweizer Rösti«, »frische Salate der Saison mit French-Dressing«? Wir können also festhalten, daß wir mit jedem Gedanken auch ein Bild verbinden.

Wenn Sie erfahren, daß irgendwo im Westen Chinas einem Arbeiter ein Fahrrad gestohlen wurde, dann läßt Sie das doch ganz sicher relativ kalt. Passiert dasselbe aber Ihrem Kind, so sind Sie doch emotional sehr stark beteiligt, das heißt wiederum, Sie interessieren sich dann auch für die Umstände der Tat und wie das Fahrrad gesichert war.

2. Kapitel

Im 2. Kapitel lesen Sie,

- was Überzeugung bewirken kann

- was ein kluger Chef tut

- warum Haß töten kann

- wieso wir oft nicht »echt« sind

- warum ich aufhörte, der Clown zu sein

Was Überzeugung bewirken kann

Als ich im Alter von 22 Jahren als Reisender in Sachen Industriezubehör unterwegs war, lernte ich den Geschäftsführer einer großen Werkzeugmaschinenfirma kennen, der etwa 60 Zigaretten pro Tag zu rauchen pflegte. Meine gutgemeinte Mahnung, er setze sich dadurch der Gefahr eines Herzinfarktes aus, wischte er lachend vom Tisch und sagte im Brustton der Überzeugung: »Herr Kummer, ich bekomme mit Sicherheit keinen Herzinfarkt, weil ich mir diesbezüglich überhaupt keine Sorgen mache. So einfach ist das!«

Diese Begebenheit erzählte ich danach dann verschiedenen Menschen meiner Umgebung, und die Mehrheit von ihnen unterstützte diese Aussage auch nachdrücklich mit der Begründung: »Wer so fest davon überzeugt ist, der bekommt auch keinen Infarkt. Das ist ganz sicher!« Ich fragte mich damals: Wenn man nur von etwas überzeugt sein muß und fest daran glaubt, dann müßte man doch auch alles andere im Leben erreichen können, was man möchte, verwarf diesen Gedanken aber auch gleich wieder, weil er mir einfach zu fantastisch erschien. Hätten auch Sie dieser These über den Kettenraucher zugestimmt? Wenn ja, warum? Weil Sie selbst davon überzeugt sind, oder weil man allgemein hört, daß es so ist?

Ich will damit sagen: Sind Sie überzeugt von dem, was Sie sagen, oder reden Sie lediglich etwas nach, was Sie von anderen übernommen haben, aber gleichzeitig tief in sich fühlen, daß es genauso ist?

Natürlich erhebt sich am Ende die Frage, wie sehr der Betroffene selbst überhaupt von seiner eigenen Aussage überzeugt ist. Ob er nicht auch in Wahrheit Ängste hegt vor genau dieser Krankheit, sich nach außen hin aber durch seine Aussagen zu schützen versucht, vor eben jenen bohrenden Fragen seines Gegenübers und seiner eigenen, inneren Angst. In diesem Falle wäre seine Aussage recht zweifelhaft.

Wir Menschen sind alle »freischaffende Künstler«, egal in welche Familie wir hineingeboren werden. Wir alle haben die gleichen Chancen, aus unserem Leben etwas zu machen. Wenn wir konstruktiv aufbauend denken, werden wir ungeachtet unserer Herkunft Gesundheit, Wohlstand, Erfolg und vieles andere erlangen. Wenn wir aber konstruktiv zerstörerisch denken, erreichen wir genau das Gegenteil. Wir haben alle dieselbe Wahl, gestern, heute und in alle Ewigkeit. Zusammengefaßt könnte man in einem Satz sagen: *Wer unbeirrt an das glaubt, was er sich einmal zum Ziel gesetzt hat, und vor seinem inneren Auge stets die zukünftige Ist-Situation – also das, was er anstrebt – vor sich sieht, kann die Realisierung des Gewünschten niemals verhindern.* Dies ist ein Naturgesetz!

Wer diesen Satz in seiner ganzen Tragweite erfaßt und begriffen hat, der kann schon jetzt dieses Buch zur Seite legen, denn mehr wird er auch im folgenden nicht lernen können. Denken Sie einmal darüber nach, daß es auf der ganzen Welt keinen einzigen Gegenstand gibt, der von Menschenhand geschaffen wurde und der nicht zuerst einmal im Geiste existierte. Von der Büroklammer bis zur Mondfähre wurde alles zuerst im Geiste des Menschen erschaffen, also erdacht, bevor es zu Papier gebracht und letztendlich dann angefertigt wurde.

In diesem Zusammenhang kommen wir nun zu einem unserer Lieblingsworte, das wir ab sofort ganz rigoros aus unserem Sprachschatz streichen sollten, weil es absolut keine Existenzberechtigung hat, nämlich das Wort »Zufall«. Es gibt keinen Zufall. Dieser Begriff ist lediglich ein Hilfswort, das wir Menschen uns selbst geschaffen haben, weil wir zu wenig wissen über das ewige Zusammenspiel von Ursache und Wirkung.

Ursache ist: Ich pflanze einen Pfirsichbaum.
Wirkung ist: Ich ernte Pfirsiche und niemals Nüsse.

Ursache ist: Ich suche einen Arbeitsplatz.
Wirkung ist: Ich treffe einen Bekannten, den ich zehn Jahre nicht gesehen habe, und er stellt mich in seiner Firma an.

Ursache ist: Ich habe eine Allergie, kein Arzt kann mir helfen, alle Medikamente versagen ihre Wirkung.
Wirkung ist: Ich treffe auf einer Kirmes eine Frau, die vor Jahren dasselbe Problem hatte und mir den Namen des heilenden Medikamentes, das mir letztendlich auch hilft, auf einen Bierdeckel schreibt.

Ursache ist: Ich erzähle jedem, der es hören will, daß ich zweimal pro Jahr eine schreckliche Grippe bekomme.
Wirkung ist: Es funktioniert im Frühjahr, und es funktioniert auch im Herbst jeweils wunderbar.

Ursache ist: Mein Mann und ich, wir werden nie mit unseren Finanzen zurechtkommen – wir sind eben zwei Pechvögel.
Wirkung ist: Habe ich es nicht gleich gesagt, schon wieder

sind meinem Mann bei der Beförderung zwei Kollegen vorgezogen worden.

Ein kluger Chef

Ein guter Freund sagte einmal zu mir: »Probleme sind dazu da, daß man sie löst, und sie sind immer – und zwar durchweg – positiv; wäre es anders, so würden sie nicht PRO-bleme, sondern CONTRA-bleme heißen!« Dann berichtete er mir von seinem früheren Chef, der nach seinen Worten ein sehr kluger und weiser Mann war. Dieser erzählte ihm eines Tages, daß er jeden Morgen, wenn er sein Büro betritt, zunächst fünf Minuten lang ungestört bleiben möchte. In dieser Zeit, bevor er auch nur einen Bleistift in die Hand nimmt, lehnt er sich zurück, entspannt sich und sagt selbstbewußt und laut in den Raum hinein: »Ich akzeptiere, daß ich stets nur von Mitarbeitern umgeben bin, die zum Wohle und Nutzen meiner Firma beitragen – für alle anderen bleibt meine Tür auf ewig verschlossen!« Als mein Freund dann über dieses merkwürdige Verhalten von ihm Näheres wissen wollte, erzählte ihm dieser Chef die folgende Geschichte.

»Vor Jahren besaß ich eine Getränkegroßhandlung, und eines Tages stellte ich fest, daß ich ständig bestohlen wurde, denn jeden Monat fehlte einiges an Lagerbeständen. Weil ich dem Täter lange Zeit nicht auf die Spur kam, war ich so verärgert, daß ich mich entschloß, die Macht meines Unterbewußtseins zu Hilfe zu rufen.

Nachdem ich etwa drei Wochen lang meine morgendliche fünfminütige Bejahung angewandt hatte, passierte folgendes: Meine Frau bat mich eines Morgens, ich solle ihr bitte nach Geschäftsschluß eine Magnumflasche

Champagner mit nach Hause bringen, welche als Gastgeschenk für eine Party vorgesehen war, zu der wir beide am Abend eingeladen waren. Nach einem anstrengenden Zwölf-Stunden-Tag bemerkte ich dann, als ich wieder zu Hause war, daß ich dieses Geschenk in der Hektik in der Firma vergessen hatte. Meine Frau und ich aßen zunächst in aller Ruhe zu Abend, duschten uns, zogen uns um, und wir fuhren dann gemeinsam auf dem Weg zur Party nochmals in der Firma vorbei. Schon als wir im Büro ankamen, wunderten wir uns über das Stimmengemurmel, das aus der Tür meines Geschäftsführers kam, und als wir dann ganz unvermittelt dort eintraten, erbleichte derselbe schlagartig.

Im Raum befanden sich etwa sechs Personen, die jeweils eine Plastiktüte, prall gefüllt mit Spirituosen, in der Hand hielten. Mein damaliger Geschäftsführer hatte heimlich, still und leise ein kleines Warenlager zur Seite geschafft, und jeden Dienstag abend, wenn er mich schwitzend beim Squash wähnte, besserte er sich damit sein Gehalt auf.«

Dieser Chef vertraute ganz einfach seiner inneren Kraft, von der er dann auch prompt bedient wurde. Seit diesem Tag investiert er jeden Morgen mindestens fünf Minuten in seine geistige Arbeit, in dem sicheren Wissen, daß solche Dinge, wie sie damals passierten, in Zukunft so gut wie ausgeschlossen sind.

Wir alle sind es gewohnt, etwas bewußt, mit dem Verstand, voranzubringen. Wir wollen sofortige, nachweisbare Erfolge; deshalb versuchen wir auch immer wieder, ins Geschehen einzugreifen. Erst wenn wir nicht mehr weiter wissen und alle Flüche – die genauso wenig nützen wie unsere »Kopf-durch-die-Wand-Methode« – ausgestoßen sind, kommen wir vielleicht einmal auf die Idee, die Angelegenheit unserem Unterbewußtsein zu übergeben.

Versuchen Sie doch beim nächsten Mal gleich diesen Weg, Sie werden staunen, was für brillante und überzeugende Ergebnisse Sie mit dieser Methode erzielen werden.

Wie Haß töten kann

Eine Frau, die in Scheidung lebte und von ihrem Anwalt erfuhr, daß die finanziellen Forderungen, die sie an ihren Mann stellte, um die Hälfte zurückgeschraubt werden müßten, um erfolgversprechende Aussichten zu haben, war völlig verzweifelt. Hatte sie doch schon so lange im Luxus gelebt, und nun sollte sie mit ein paar »lumpigen« hunderttausend Mark abgespeist werden. Von Tag zu Tag wurden aus diesem Grund Wut und Haß auf ihren Mann größer und größer. Als sie eines Tages dann erfuhr, daß der ungeliebte Gatte schwer erkrankt sei, schöpfte sie wieder ein wenig Hoffnung, nach dessen hoffentlich baldigem Ableben in die ehemals gemeinsame Villa zurückkehren zu können, um weiter in gewohnter Umgebung und in Saus und Braus leben zu können. Jedem, der es hören wollte, erzählte sie, daß sie sich nichts sehnlicher wünsche, als daß der »alte Geizkragen« endlich den Löffel abgeben würde. Triumphierend sah sie sich schon im Geiste auf der Beerdigung ihres Gatten.

Dieser Ehemann hingegen verschwendete währenddessen überhaupt keinen Gedanken an seine Frau, schon gar keine negativen. Er war vielmehr in Verbindung mit einem Heilpraktiker getreten; dieser erklärte ihm, daß die Therapie im Krankenhaus ständig mit dem geistigen Bild der Gesundheit und des Wohlbefindens unterstützt werden müsse, um einen endgültigen Heilerfolg sicher herbeiführen zu können. Dies leuchtete ihm ein. Also dachte er an eine gesunde und schöne Zukunft, sah sich im Geiste mehrmals täglich völlig geheilt an seinem Fischweiher angeln, auf Sylt segeln oder mit seinem Privatflugzeug durch die Lüfte fliegen. Die Operation sowie die anschließende Nachbehandlung waren ein voller Erfolg, und nach einem Jahr hatte er diese tückische Krankheit überwunden. Die inneren Bilder dieses Patienten waren mit lebensspendenden Denkmustern bereichert worden und dies war der Hauptgrund für seine schnelle und für die Ärzte kaum faßbare Genesung.

Vier Wochen vor seiner Entlassung aus dem Krankenhaus erfuhr er allerdings, daß seine Frau inzwischen verstorben war. Ihr Unterbewußtsein nahm die Sehnsucht, bei einer Beerdigung dabei zu sein, sehr, sehr ernst. Ihre negativen Verwünschungen konnten ja nur auf sie selbst zurückfallen; ihren Mann konnte sie damit nicht treffen, da dessen Unterbewußtsein auf Heilung, Harmonie und Leben ausgerichtet war. Letztendlich hatte sie sich tatsächlich selbst umgebracht. Haß, Neid und alle Arten von Ressentiments sind die wohl zerstörerischsten Faktoren, die es gibt.

Deshalb sollten Sie anderen Menschen immer nur Gutes wünschen, denn wenn Ihre guten Wünsche vom Empfänger nicht angenommen werden können, weil dieser gerade negativen Gedanken nachhängt, dann kehren Ihre guten Wünsche verstärkt wieder zu Ihnen zurück. Und etwas Besseres kann Ihnen doch gar nicht passieren, oder?

Deshalb sollten Sie sich den nun folgenden Spruch ganz genau einprägen: *»Was ich aussende, kehrt verstärkt zu mir zurück!«* Diesen eminent wichtigen Satz sollten Sie sich ganz besonders zu Herzen nehmen, wenn Sie Ihre Lebensumstände verändern wollen, und das wollen Sie doch, oder?

Oft sind wir nicht »echt«

Wir alle sind ständig bemüht, stets unsere Außenfassade so zu gestalten, daß unsere Mitmenschen nicht oder nur schwer erkennen können, welches Chaos sich teilweise dahinter verbirgt. Wir geben uns unnahbar, cool, wir kauen Kaugummi, tragen flippige Sonnenbrillen, oder wir färben unser Haar bunt. Mit all diesen Effekten versuchen wir, unsere inneren Unsicherheiten zu überspielen.

Im Laufe unseres Daseins erleben wir viele Situationen, die uns bedrücken, verunsichern, traurig, böse, verbittert, aber auch lustig und fröhlich sein lassen. All diese Erfahrungen prägen uns und damit unsere Persönlichkeit. Dazu ein Beispiel: Ein junger Mann lernt in Gesellschaft seiner Freunde ein Mädchen kennen, verliebt sich in sie, und die anderen beneiden ihn wegen seines Glücks. Dies dauert zunächst auch einige Wochen oder Monate an, aber dann beendet die Freundin plötzlich die Beziehung und zieht sich aus der Clique zurück.

Dem jungen Mann ist es in Wirklichkeit zum Heulen zumute, und am liebsten würde er in die Erde versinken – weniger wegen der verlorenen Freundin, sondern vielmehr wegen der Reaktion seiner Kumpels, vor denen er stets den »Macho«, den Unwiderstehlichen, spielte.

Das alles ginge ja noch, aber auch sich selbst gegenüber ist dieser junge Mann nicht ehrlich. Er lebt seine Trauer, diese Situation betreffend, nicht aus, sondern er unterdrückt sie ständig und versucht, vor allen und jedem den starken Mann zu mimen, der das Ganze völlig locker nimmt und der eigentlich dieser »blöden Kuh« nie wirklich echte Zuneigung entgegengebracht hat.

Diese Situation mit allen Begleiterscheinungen durchlebt er eine bestimmte Zeit, aber irgendwann geht sein Leben wieder den geregelten Gang. Die Ereignisse aber haben

Spuren in ihm hinterlassen, weil er das, was er wirklich fühlte, nicht gelebt hat und aus falschem Männlichkeitswahn nicht zum Ausdruck hat kommen lassen. Auch nicht zu Hause in seinen eigenen vier Wänden ließ er seiner Trauer und seinen Tränen freien Lauf, denn als Kind wurde ihm ja schon eingeimpft, daß ein Junge nicht weint; und als »harter Mann« durfte er dies schon gar nicht. Also, nur nicht weich werden, Augen zu und durch.

Auf diese Art und Weise sind im Laufe unseres Lebens Hunderte von kleinen Blockaden in unserem Inneren entstanden, weil wir unsere echten Gefühle nicht gelebt haben. Ob in der Schule, durch die Eltern, die Nachbarn, den Chef oder die Freunde – immer gab es etwas, das wir einstecken, schlucken mußten, Dinge, die uns belasteten und wütend machten, und dies wird, so lange wir leben, so sein. Nur sollten wir ab sofort unsere Gefühle nicht mehr so unterdrücken wie der junge Mann in unserem Beispiel.

Wer sich im ewigen Prozeß der Zusammenwirkung von Körper und Geist auskennt, der weiß zum Beispiel, daß jede, aber auch jede Krankheit immer seelische Ursachen hat. Man sagt auch, jede Krankheit sei in Wirklichkeit ein Weinen der Seele. Da wir Menschen aber in den seltensten Fällen gelernt haben, diese feinen Signale unserer Seele zu erkennen, verstärkt diese – zunächst noch sehr kleine – Blockierung sehr schnell ihre Bemühungen, auf sich aufmerksam zu machen, und sie gibt uns mit der Zeit viele neue, sehr deutliche Zeichen. Wenn wir dann immer noch nicht reagieren, so verpuffen auch diese ungehört. Am Ende bleibt dieser von uns selbst verursachten Blockade nur noch der Weg des körperlichen Schmerzes, denn dann ignorieren wir sie nicht mehr. Jetzt schenken wir ihr unsere ganze Aufmerksamkeit. Wir gehen meist zu einem Arzt, lassen uns Medikamente verschreiben, oder wir müssen uns vielleicht sogar einer Operation unterziehen. Dadurch wird aber lediglich das Symptom beseitigt, die eigentliche Ursache aber bleibt im Körper weiter bestehen und nimmt sich vor, zu einem anderen Zeitpunkt, vielleicht in einem anderen Organ, sich noch deutlicher bemerkbar zu machen. Wir haben sozusagen den »Boten« des Königs, der uns die Botschaft eines Defizites überbringen sollte, umbringen lassen, ohne ihm die Gelegenheit zu geben, uns die Warnung zu übermitteln. Dieser König, der den Boten aussandte, wartet zunächst einige Zeit, wenn aber dann sein »Sendbote« nicht wieder zurückkehrt, schickt er einen neuen, stärkeren, und zwar so lange, bis die Botschaft übermittelt werden kann, oder bis der Körper die immer massiver werdenden Schmerzen nicht mehr aushält und sich von der Seele trennt, der Mensch also stirbt.

Das Unterbewußtsein versucht, sich uns immer mitzuteilen, und je mehr seiner »Boten« wir töten, das heißt, je mehr Operationen wir über uns ergehen lassen, je mehr Medikamente wir einnehmen, um so mehr neue, stärkere »Boten« versuchen, uns zu erreichen.

Als man einst ein Mittel gegen die Pest fand, starb diese Krankheit aus. Sie wurde aber sehr bald durch eine neue, andere, die man noch nicht gelernt hatte zu vernichten, ersetzt. All unsere heutigen Zivilisationskrankheiten wie Herz-Kreislauf-Probleme, Bluthochdruck, Infarkte, Aids und so weiter und so weiter haben wir uns alle selbst geschaffen, und ich garantiere Ihnen: Sobald wir diese wiederum ausgerottet haben, stehen die nächsten »unbesiegbaren« Krankheiten bereit, um deren Stelle und Aufgabe zu übernehmen.

Dies klingt zwar brutal, ist es aber bei Lichte betrachtet überhaupt nicht, wenn man die Hintergründe einmal genauer beleuchtet. Ihr Unterbewußtsein will Sie nicht umbringen, im Gegenteil, es will Ihnen sagen: »Hör auf, mich zu quälen«, es will Sie auf die Mißstände aufmerksam machen. Wenn Sie diese Signale aber nicht erkennen und sie nicht beachten, weil Sie sich nur von Ihrem Verstand steuern lassen, befreit sich das Unterbewußtsein aus seiner Umklammerung, indem es letztendlich durch den Tod seine Folterkammer, nämlich Ihren Körper, verläßt. (Ich hoffe, Sie verzeihen mir, daß ich versuche, mich auf dieser einfachen Ebene verständlich zu machen.) Sie sollten aber auch wissen, daß schwere oder tödliche Krankheiten immer nur der letzte Akt eines langen, langen Weges sind. Das Unterbewußtsein greift zu diesen gravierenden Mitteln nur dann, wenn über Jahrzehnte hinweg nichts geholfen hat, zu Ihrem Verstand durchzudringen und die Botschaft zu übergeben. Manchmal schafft das Unterbewußtsein aber auch Umstände, die Sie dazu zwingen, über sich selbst nachzudenken – vielleicht dadurch, daß Sie sich zuweilen Ihren Frust von der Seele schreien oder sich durch harte körperliche Betätigung oder sportliche Aktivitäten davon lösen.

Sie sollten deshalb aber vor dem Leben keine Angst haben, sondern vielmehr erkennen und begreifen, daß vielleicht aufgrund der Tatsache, daß Sie dieses Buch jetzt lesen, die Hilfe zu Ihnen kommen will. Sie wissen ja, es gibt keinen Zufall. Es gibt nur Ursache und Wirkung. Wenn das Unterbewußtsein also einen »Boten« schickt, so tut es das nur aus einem besonderen Grund, nämlich um Ihnen zu vermitteln: »Hier liegt etwas im argen, löse es bitte auf!«

Wie löst man aber etwas auf? Hier gibt es viele Möglichkeiten; eine beispielsweise ist der Besuch bei einem guten Psychiater, einem sogenannten »Seelenklempner«. Wie gerne machen wir unsere Witze darüber, wenn wir von jemandem wissen, daß er – vielleicht sogar noch freiwillig – zu einem solchen Psychiater geht. Möglicherweise geht es diesem Patienten aber im Moment wesentlich besser als seinen Spöttern. Er hat vielleicht bei seinem Psychiater viel alten Ballast abgeworfen, und Sie, der Sie über ihn lachen, brechen dagegen unter Ihrer eigenen Last beinahe zusammen.

Clown

Mein Unterbewußtsein führte mich unter anderem auch mit Erhard F. Freitag zusammen. Ich lernte ihn im Jahr 1982 kennen und belegte einige Jahre später dann auch ein paar Selbsterfahrungsseminare bei ihm.
Beim ersten dieser Seminare fühlte ich mich gar nicht wohl. Irgendwie spürte ich, daß man mir ans »Leder« wollte. Nachdem ich den ersten Seminartag dann »schadlos« hinter mich gebracht hatte, saßen abends alle Teilnehmer noch zusammen, und ganz unbewußt versuchte ich – das erkannte ich natürlich erst viel später –, meine Fassade, die ich mir sorgfältig aufgebaut hatte, mit einer Mauer und viel Stacheldraht vor ungeliebten Angriffen zu schützen. Ich begann, Witze zu erzählen und scharte auf diese Weise mehr und mehr Publikum um mich. Kurz vor Mitternacht – jedem tat schon das Zwerchfell vor Lachen weh – kam der entscheidende Satz eines Teilnehmers, der auch noch die Verminung meines persönlichen Terrains sicherte. Er lautete: »Was tust du eigentlich auf solch einem Seminar, Peter. Du bist doch ein lockerer und lustiger Typ, so selbstbewußt und cool.« Alle anderen nickten. Ach, es war wie ein innerer »Reichsparteitag«. Mir wurde bestätigt, daß ich in Ordnung war, und die anderen holten sich sogar teilweise noch Rat bei mir im Laufe der kommenden Tage.

40

Nachdem mir auf diese Art und Weise der Kamm noch mehr schwoll, machte ich — völlig überzeugt von meiner Einzigartigkeit — die Übungen und Techniken des Seminars nur noch halbherzig mit, denn warum sollte ich mir mein so gut aufgebautes Image vom ersten Abend selbst verderben, indem ich Probleme, die in mir vorherrschten, öffentlich zugab?

So blieb ich der Strahlemann und allabendliche Alleinunterhalter, und jedesmal, wenn man mich wieder als tollen Typen bezeichnete, wuchs ich um ein paar Zentimeter. Am Ende dieses Seminars berichteten dann einige Teilnehmer vor der versammelten Gruppe von ihren persönlichen Erfahrungen in diesen Tagen — manche vergaßen, Gott sei Dank, nicht zu erwähnen, daß auch ich mit meiner lustigen Art sehr wichtig gewesen sei für das Gelingen des Seminars — und daß sie einfach das Gefühl hätten, tiefergehende Probleme zumindest berührt und kleinere Blockaden oft sogar ganz aufgelöst zu haben.

Ich selbst kam mir vor wie der König und genoß diese verbalen Ovationen sichtlich. Nur von ganz links spürte ich etwas sehr Unangenehmes in meinem Nacken. Es war der Blick der Seminarleiterin Gudrun Freitag, einer Frau, von der ich heute sagen kann, daß sie eine sehr beeindruckende Persönlichkeit ist. Sie hatte längst erkannt, welches Spiel ich spielte, und ihr Blick in meiner Seite war so unangenehm für mich, wie splitternackt vor einem Untersuchungsausschuß erscheinen zu müssen. Ich spürte das sehr genau, und deshalb wagte ich auch nicht, sie anzusehen.

Auf diese Art verbrachte ich zwei dieser Seminare, nicht erkennend, daß ich damit lediglich mein Geld verschleuderte. Das dritte Seminar (Dauer jeweils drei Tage) brachte dann die Wende. Wir standen bei einer Visualisierungsübung alle im Raum verteilt — ich wie immer am Rande des

Geschehens –, und die Aufgabe war es, innere Bilder zu projizieren.

Plötzlich packte mich jemand von hinten am Haarschopf und flüsterte mir ins Ohr: »Wenn du glaubst, du könntest dich hier so am Rande durch die Seminare stehlen, dann irrst du. Los, hinein in die Mitte, du hast es mit am nötigsten von allen hier!«

Ich brauchte nicht die Augen zu öffnen, um zu wissen, daß Gudrun, die Seminarleiterin, mich am »Wickel« hatte. Völlig konsterniert trottete ich neben ihr her, bis in die Mitte des Raumes. Dort ließ sie mich stehen wie einen halbvollen Sack mit Reis.

Ich war stocksauer auf sie und überlegte mir kurz, ob ich nicht auf der Stelle abreisen sollte. Was bildete sich diese Frau eigentlich ein, mich, den größten Alleinunterhalter, so zu behandeln. Schließlich hatte ich gutes Geld bezahlt, war volljährig und erwartete eine angemessenere Behandlung. Als ich mich wieder etwas beruhigt hatte, beschloß ich, noch bis zur nächsten Pause mit meiner Entscheidung, die Abreise betreffend, zu warten und es ihr während dieser Zeit so richtig zu geben. Ich benahm mich also provokativ, passiv, störrisch und zu Tode beleidigt. Sie hingegen behandelte mich wie Luft. Sie sah zwar ab und zu in meine Richtung, ignorierte mich aber total.

Unschlüssig bezüglich einer Entscheidung und tief in meiner Eitelkeit verletzt, ließ ich den Tag vorübergehen, doch am Abend setzte ich mich nicht, wie früher immer, zu den anderen, obwohl mich diese ständig dazu animieren wollten. Kurz bevor ich in mein Zimmer ging, begegnete ich dann Gudrun. Sie sah mich nur kurz an und sagte im Vorübergehen: »Weißt du was, du bist nicht echt, und das ist sehr schade! Überlege dir einmal, ob du ein Leben lang den Pausenclown spielen willst.« Nun bekam ich also noch eine volle Breitseite ab, und ich konnte die halbe

Nacht nicht schlafen, weil ich verzweifelt versuchte, das Gehörte zu verarbeiten. So deutlich hatte mir noch niemand seine Meinung gesagt.

Am nächsten Morgen nahm ich mir dann fest vor, das Seminar nicht mehr zu schwänzen, sondern damit zu beginnen, mich auf mich selbst zu konzentrieren. Ich ließ den »Clown« also im Zimmer zurück und begann ernsthaft, die Übungen des Seminars mitzumachen und an mir zu arbeiten.

Nach vier weiteren Seminaren und ebenso vielen Monaten war ich Gudrun dann tief dankbar dafür, daß sie mir damals den Kopf gewaschen hatte, und wenn sie sich wieder einmal jemanden wie mich vornahm, hoffte ich inständig, daß auch dieser seine Chance erkennen und nutzen wird, anstatt beleidigt abzureisen, was auch meist der Fall war.

Fast alle, die solche Seminare panikartig verlassen, haben in Wirklichkeit nur Angst vor sich selbst; sie spüren, daß ihnen jemand auf den emotionalen Pelz rückt, und davor laufen sie dann im wahrsten Sinne des Wortes davon. Ein Selbsterfahrungs- oder Aktivseminar, wie ich sie heute selbst gebe, ist meist kein amüsanter Spaziergang für den Teilnehmer, denn: Wer begegnet schon gerne seinen größten Schwächen und tiefsten Ängsten? Genau darum geht es aber zunächst ein bis zwei Tage lang. Man holt in der Gruppe die unaufgearbeiteten und verdrängten Lebenserfahrungen an die Oberfläche, setzt sich ganz bewußt noch einmal mit ihnen auseinander, indem man sie neu durchlebt, und löst sie dadurch gleichzeitig ein für allemal auf. Ferner lernt man, sich selbst anzunehmen und zu akzeptieren sowie ein neues Selbstbewußtsein zu entwickeln.

Ich habe auf diesen Seminaren selbst erlebt, daß Teilnehmer chronische Krankheiten abstreifen konnten, ihre angeschlagene Sehkraft verbesserten sowie Probleme und Blockaden verschiedenster Natur auflösten, die ihnen oft jahrelang schwer zu schaffen machten. Ich habe bis zum heutigen Tag viele solcher Seminare absolviert, und ich kann jedem nur empfehlen, dies auch einmal zu tun. Seminare, so wie Erhard, ich und auch viele andere sie abhalten, dienen ganz einfach dem Zweck, sich selbst zu erkennen und damit zu beginnen, ab sofort glücklicher, gesünder, erfolgreicher und wohlhabender zu leben. (Weitere Informationen zu den Seminaren finden Sie am Schluß des Buches.)

3. Kapitel

Im 3. Kapitel lesen Sie,

- auf »los« geht's los

- wie man mit den Arbeitsblättern umgeht

- Phantasiereisen, Trips ohne gesundheitliche Risiken

- warum Faulheit unser größter Widersacher ist

- warum Sie kein reiner »Konsument« sein sollten

Es geht los!

So, jetzt ist es endlich soweit, daß auch Sie ins Geschehen eingreifen können. Freuen Sie sich darauf! Wie bereits in meinem ersten Buch »Nichts ist unmöglich« sollen Sie auch jetzt wieder die Möglichkeit erhalten, das Gelesene unmittelbar umzusetzen. Zu diesem Zweck finden Sie ab sofort nach jedem Kapitel drei vorbereitete Arbeitsblätter, die Ihnen in den ersten Wochen helfen sollen, ganz konsequent an Ihren wichtigsten Zielen zu arbeiten.

Tragen Sie ganz oben auf dem *ersten Arbeitsblatt* Ihre Ziele ein, begründen Sie dann gleich darunter in sechs Punkten, warum diese Ziele für Sie so eminent wichtig sind. In der dritten Rubrik notieren Sie verschiedene Techniken und Hilfsmittel, die Ihnen zusagen und mit deren Hilfe Sie glauben, den Weg zu Ihrem Ziel ebnen zu können.

Auf dem *zweiten Arbeitsblatt* finden Sie Ihren jeweiligen Wochenplan, in den Sie die Aktivitäten, für die Sie sich entschieden haben, eintragen. Gleich darunter bringen Sie jeweils pro Woche Ihre eigene Manöverkritik an, um künftig perfekter und erfolgreicher arbeiten zu können.

Last but not least können Sie dann auf dem *dritten Arbeitsblatt* Ihre Analysen, Notizen und Ideen eintragen, die Ihnen im Laufe der Woche durch den Kopf gehen.

Wenn Sie sehr konsequent arbeiten, dann sind Sie bereits auf dem besten Weg, Ihr Ziel zu verwirklichen. Sie können sich die Arbeitsseiten auch kopieren, wenn Sie nicht in das Buch hineinschreiben wollen. Ganz zum Schluß können Sie, jeweils am Sonntagabend beispielsweise, Ihren persönlichen Wochenplan abhaken und in einem Ordner ablegen, falls Sie das wollen.

Im folgenden erläutere ich Ihnen nun nochmals kurz die einzelnen Punkte wie »Affirmation«, »Imagination«, »Spiegelbehandlung«, »Subliminalcassetten«, »Phantasiereisen« und so weiter.

Affirmation: Laut gesprochene Bejahung (Selbstsuggestion), mehrmals täglich, drei bis fünf Minuten, wiederholt.

Imagination: Bildhafte Vorstellung des Zieles, so als sei es schon erreicht, morgens und abends, jeweils fünfzehn bis zwanzig Minuten – liegend oder sitzend, entspannt und mit geschlossenen Augen.

Spiegelbehandlung: Lautgesprochene Bejahung vor dem Spiegel. (Siehe auch mein Buch »Nichts ist unmöglich«, Kapitel 3, Seite 45.)

Subliminals: Näheres siehe auf Seite 200.

Phantasiereisen: Nähere Beschreibung folgt in diesem Kapitel.

Sonstiges: Ganz persönliche Aktivitäten, mit denen Sie vielleicht bisher schon erfolgreich gearbeitet haben.

Soweit die sechs Punkte des ersten Arbeitsblattes. Im Literaturverzeichnis am Ende des Buches finden Sie noch eine Beschreibung der Subliminalcassetten.

Die Ausschöpfung der Aktivitäten in diesem Musterbeispiel ist, wie Sie auf den Seiten 50–52 sehen, ist fast 90 Prozent. Nur wenige von Ihnen werden die Konsequenz und die Zeit dafür aufwenden wollen. Deshalb hier nochmals meine Empfehlung: Tun Sie jeden Tag mindestens 30 bis 40 Minuten für sich etwas Gutes und suchen Sie sich dazu die Übungen aus, von denen Sie wissen, daß sie Ihnen auch Spaß machen. Es geht nicht darum, daß Sie den Wochenplan auf dem zweiten Arbeitsblatt komplett füllen, sondern lediglich darum, daß Sie alles, was Sie auf dem ersten Blatt notiert haben, auch konsequent durchziehen; denn im Durchhalten liegt der Grundstein des Erfolges Ihrer Arbeit. Also mehr auf Qualität und Kontinuität achten als auf Quantität.

Phantasiereisen

Inzwischen kann man auch schon über verschlüsselte Geschichten, die sich wie Märchen anhören und als Cassettenprogramm erhältlich sind, mit sich und an sich arbeiten. Allerdings würde ich jedem dringend empfehlen, zuvor mindestens zwei bis drei Wochenend-Seminare zu absolvieren, um ein wenig mehr Erfahrung darin zu bekommen, was mit einem und in einem selbst bei dieser Arbeit geschieht und wie man sich optimal darauf vorbereiten kann. Ich kann Ihnen die angesprochenen Cassettenprogramme, mit denen ich selbst seit über drei Jahren arbeite, nur wärmstens empfehlen. Sie tragen den Titel »Phantasiereisen«; es handelt sich dabei um Cassetten-

1. Arbeitsblatt

Name: <u>Fritz Muster</u>   Datum: <u>28.01.93</u>

Mein Ziel: <u>Beruflich weiterkommen</u>

Warum möchte ich dieses Ziel unbedingt erreichen?

Weil ich es satt habe, täglich 9 Stunden zu arbeiten.

Weil ich mir mehr leisten möchte.

Weil ich mehr Verantwortung übernehmen will.

Weil ich meine Kreativität besser ausleben möchte.

Weil ich sehr ehrgeizig bin.

Weil es mir zusteht.

Was tue ich, um dieses Ziel auch sicher zu erreichen?

Täglich 2 x 20 min. Subliminal: Erfolg hören.
Zusätzlich »Spielfilm« ablaufen lassen: Wie würde ich fühlen,
wenn es schon so wäre!

Täglich 3 x 5 min. Spiegelbehandlung:

»Ich bin ein gewaltiger Erfolg.«

1 x wöchentlich eine Phantasiereise.
1 Endlosband besprechen fürs Auto: »Alles gelingt mir
leicht und mühelos.«

Wochenplan konsequent eingehalten: <u>ja</u>

> »Ja, ich bin wirklich zum Erfolg geboren
> – wie der Vogel zum Fliegen!«

2. Arbeitsblatt

Mein Wochenplan:

Monat: <u>April</u>   Woche: <u>12.-18.</u>   199<u>3</u>

Tag	Affirmation	Imagination	Subliminal	Endlosband	Phantasiereise	Spiegelbehandlg.	Sonstiges
Mo	3 x 5 min o.k.	o.k.	2 x 20 min o.k.	o.k.	–	2 x 5 min	I-Ging
Di	3 x 5 min o.k.	o.k.	2 x 20 min o.k.	o.k.	–	2 x 5 min	Tarot
Mi	3 x 5 min o.k.	o.k.	2 x 20 min o.k.	o.k.	–	2 x 5 min	längere Meditation
Do	3 x 5 min o.k.	nur 1 x	2 x 20 min o.k.	o.k.	Phantasiereise I	2 x 5 min	–
Fr	3 x 5 min o.k.	o.k.	–	o.k.	–	2 x 5 min	Video Murphy
Sa	3 x 5 min o.k.	o.k.	1 x 20 min o.k.	o.k.	–	2 x 5 min	–
So	3 x 5 min o.k.	o.k.	2 x 20 min o.k.	o.k.	Phantasiereise II	2 x 5 min	mit Mutter versöhnt

»Ich weiß: was einmal geht, das geht
immer wieder!«

3. Arbeitsblatt

Plananalyse: Was kann ich noch besser machen?

Sonntags konsequent meine 3 x 5 min Affirmation einhalten.

Imagination donnerstags trotz Stammtisch durchziehen.

Trotz Geschäftsreise Subliminals konsequent anhören.

Zu diesem Zweck Walkman und Kopfhörer besorgen.

Bleib konsequent und erfinde keine Ausreden!

Meinen Bildern der Imagination muß ich mehr Gefühl beigeben.

Notizen, Anregungen, Ideen

Heute, 23.04., habe ich mich wieder ziemlich wütend

aufgeführt. Ich sollte mehr Selbstdisziplin üben.

Neuen Grundriß für Musterhaus entwerfen und Chef vor-

legen.

Ich muß mich mehr fallenlassen bei der Imagination, zu-

vor besser entspannen, nicht verkrampfen, lockerer sein.

»Hör auf zu suchen, laß Dich finden!«

kurse mit Anleitung zur tiefen Entspannung und Selbstheilung, die kreiert wurden von Dr. Günther Beyer (erschienen im DeHypno-Verlag, Pestalozzistr. 40 b, 80469 München).

Dort heißt es unter anderem: »Die 14 Phantasiereisen führen uns in einen Zustand tiefer Entspannung und völliger Wachheit, der es ermöglicht, mit unserem unbewußten Sein in Kontakt zu kommen. Die gelenkten Wachträume führen uns behutsam an frühere Verlustsituationen, Kindheitswünsche, Einstellungen zu uns selbst und der Welt heran, aber auch an unbekannte Fähigkeiten und unerkannte Botschaften, die uns unser Körper zu vermitteln versucht. Unser Unterbewußtsein wird angeregt, uns Antworten zu schicken, und es wird zu Veränderungen bewegt mit dem Ziel, alte, einengende Muster aufzulösen. So gewinnen wir unser Unbewußtes und seine Energien zum Freund und Helfer, und wir lernen, uns dabei neu anzunehmen und im Leben besser auszudrücken. Die Phantasiereisen beruhen auf dem Konzept der DeHypno-Therapie. Diese verbindet die Jahrhunderte alte Form des lebendigen Märchens mit den modernsten Mitteln von Therapie (M. Erickson, V. Satir, F. Perls und anderen) und sprachlichen Kommunikationen, die in den letzten Jahren unter dem Namen NLP (Neurolinguistik) in den USA entwickelt wurden und inzwischen auch hier in Europa sehr bekannt sind.«

Soweit die Ausführungen von Dr. Beyer zu diesem Thema. Ich bitte Sie aber – wie bereits erwähnt – nochmals nachdrücklich, in jedem Falle zuerst mindestens zwei oder drei Selbsterfahrungs- beziehungsweise Aktivseminare zu belegen, bevor Sie mit diesen Cassetten zu arbeiten beginnen, denn teilweise »kitzeln« Sie Situationen und Probleme aus Ihrem Inneren heraus, mit denen Sie gelernt haben sollten umzugehen. Adressen und Informationen über Selbsterfahrungs- beziehungsweise Aktivseminare sind meist in esoterischen Buchhandlungen, oder natürlich auch direkt bei mir, zu erhalten (siehe Adresse am Schluß des Buchs).

Unsere größten Widersacher, die wir also erst ausschalten müssen, wenn wir mit der Arbeit erfolgreich sein wollen, heißen Faulheit, Inkonsequenz und Zweifel. Ein Freund sagte einmal zu mir: »Ich glaube, der einzige Grund, warum die Menschen diese positiven Denkmuster nicht umsetzen können, ist die Faulheit des einzelnen, seinen persönlichen Tagesrhythmus zu verändern!« Ich mußte ihm in diesem Punkt zustimmen, denn eigentlich müßte es jeder schaffen, zwischen 30 und 60 Minuten pro Tag für sich selbst Zeit zu haben, doch dem ist oft nicht so.

Deshalb ersann sich dieser Freund von mir ein Programm, das von ihm maßgerecht in seinen Tagesrhythmus hineingeschneidert wurde. Morgens, nachdem er aufgestanden war, duschte er zuerst, putzte sich die Zähne und legte sich dann wieder zurück in sein Bett. Jetzt stellte er sich sehr lebhaft vor, wie er durch sein persönliches Traumhaus geht; diese imaginäre Hausbesichtigung genoß er etwa 20 bis 25 Minuten; dann dankte er der Kraft in seinem Unterbewußtsein für einen erfolgreichen Tag und für die Materialisierung des eben vorgestellten, stand auf, frühstückte und fuhr zur Arbeit.

Während der Fahrt zu seinem Arbeitsplatz hörte er sich eine Subliminalcassette mit dem Titel »Erfolg« an. (Subliminalcassette: Positive Bejahungen, die so in die Musik verpackt sind, daß man sie zwar nicht bewußt hört, sie aber genau deshalb stärker und völlig ungefiltert, am bewußten Denken vorbei, direkt in das Unterbewußtsein hineinfließen lassen kann.) In der Firma angekommen, wandte er sich dann seiner täglichen Arbeit zu.

Während der Mittagspause ließ er sich das am Morgen

visualisierte Haus und seinen imaginären Gang durch dasselbe nochmals etwa eine Minute lang durch den Kopf gehen, sozusagen als »Kurzprogramm«. Wenn er abends nach Hause kam, setzte er sich nochmals etwa zehn Minuten still hin, holte ein Schulheft hervor und notierte sich, was er an diesem Tag Positives erlebt hatte. Dies tat er, um sich immer wieder einzuprägen und zu lernen, nur noch das Positive zu sehen, es so wie eine Kuh wiederzu-käuen, um sich somit gar nicht der Gefahr auszusetzen, wieder ins Negative abzugleiten. War er einmal verabre-det, so war er peinlichst darauf bedacht, diesen letzten Punkt auf seiner Tagesordnung unbedingt noch vorher abgehakt zu haben. Wenn er nachts zu Bett ging, achtete er nochmals streng darauf, kurz vor dem Einschlafen wieder an sein Traumhaus zu denken und mit diesem inneren Bild vor seinem geistigen Auge möglichst einzu-schlafen.

Dies alles praktizierte er zunächst sechs Monate lang, und zwar tagtäglich, ob Sonn- oder Feiertag, ob Sommer oder Winter. Nach dieser Zeit waren die täglichen Übungen so in seinen Lebensrhythmus übergegangen, daß er sich gar nicht mehr überwinden mußte, auch in Zukunft damit zu arbeiten. Zwar modifizierte er die Bilder und Übungen ab und zu, aber die Zeit, die er dafür aufwandte, blieb immer dieselbe.

Heute, etwa drei Jahre nach Beginn dieser Aktivitäten, lebt er bereits in seinem eigenen Haus. Er erfreut sich einer strahlenden Gesundheit und einer wunderbaren Partner-schaft. Erst kürzlich sagte er zu mir: »Wenn man den Menschen, die unglücklich, arm oder krank sind, doch nur klarmachen könnte, wie leicht es ist, dies alles zu verändern, wenn man bereit ist, seine eigene Trägheit zu überwinden.«

Wenn Sie wollen, daß sich in Ihrem Leben etwas ändert,

dann müssen Sie lediglich so vorgehen wie mein Freund und stur wie ein Panzer tagtäglich Ihrem Unterbewußtsein das eingeben, was Sie von ihm erwarten, um diese Manifestationen letztlich im sogenannten »realen Leben« in Empfang nehmen zu können. Es ist wirklich so einfach! Das ist der Unterschied zwischen dem uns allen bekannten und abgegriffenen Begriff des positiven Denkens und der dynamischen Kraft und Eigendynamik des konstruktiven Denkens. Natürlich ist es positiv gedacht, wenn ich sage: »Es wird schon irgendwie weitergehen.« Das Leben aber fragt Sie ständig, was Sie von ihm wollen, und das müssen Sie ihm schon deutlich sagen, wenn Sie mit den Resultaten, die sich eines Tages für Sie auftun, zufrieden sein wollen. Wenn das Unterbewußtsein aber nur Ängste und Befürchtungen über Ihren inneren Bildschirm vermittelt bekommt, dann führt die innere Lebenskraft diese Ängste und Befürchtungen auch treu und brav herbei, denn das Unterbewußtsein wählt nicht aus – das ist nicht seine Aufgabe –, es verwirklicht lediglich. Der auswählende Teil in Ihrem Leben ist immer nur Ihr Bewußtsein, Ihr Verstand, und der muß dem Unterbewußtsein zuerst einen Plan angeben, nach welchem dann verwirklicht werden kann.

Werden Sie bitte kein reiner »Konsument«

Ein junges Mädchen, das gerne eine Weltreise machen möchte und sich selbst sagt: »Ich habe das Geld nicht!«, das kommt nicht weit. Sie muß zuerst immer im Geiste dort sein, wo sie in Wirklichkeit hin will, damit ihr Unterbewußtsein sie auch eines Tages dort hinbringen kann. Dazu gehört, daß sie sich zunächst einmal strenge Disziplin auferlegt, was das Denken und ihren Tagesablauf anbelangt.

Wenn ich mich mit Menschen unterhalte und sie frage, was sie in ihrem Leben erreichen wollen, so höre ich zunächst fast immer nur das, was sie partout nicht wollen. Wenn ich dann nochmals nachhake, was sie denn wollen, so fangen diese Menschen gleich wieder von neuem an zu erzählen, was sie nicht haben wollen. Wir müssen endlich anfangen zu begreifen, daß wir eine auswählende und eine ausführende Instanz – Bewußtsein und Unterbewußtsein – in uns haben, und dem müssen wir dadurch Rechnung tragen, daß wir uns nach deren Spielregeln richten. Sie würden doch auch nicht in den Tank Ihres Autos Coca-Cola füllen, wenn dieser leer ist und Sie weiterfahren wollen, oder?

Tausende aber geben nur Ängste, Befürchtungen und allen möglichen Müll an ihr Unterbewußtsein weiter und wundern sich dann über eintretende negative Ergebnisse, und sie fragen sich dann: »Warum mußte ausgerechnet mir so etwas passieren?«

Ich möchte in diesem Zusammenhang das folgende einmal kurz klarstellen: Um im Leben erfolgreich zu sein, und um seine Träume realisieren beziehungsweise materialisieren zu können, braucht man weder Kerzen noch Räucherstäbchen, weder Meditationsmusik noch die Beherrschung des Lotossitzes, weder einen roten Punkt auf der Stirn noch Asche auf dem Haupt. Sie müssen weder auf einem Nagelbrett schlafen noch über glühende Kohlen laufen können.

Ich erwähne dies deshalb, weil viele Menschen glauben, derartige Rituale wären unausweichlich, um Erfolg haben zu können. Wenn der größte Penner New Yorks eines Tages begreift, daß er dann aus seinem Milieu aussteigen kann, wenn er sich geistig das äquivalente Bild dazu macht und ab sofort auch ständig daran festhält, so wird er zweifelsohne damit Erfolg haben.

Ich kenne Menschen, die täglich sechzig Minuten und länger meditieren, vor lauter Räucherstäbchen kaum noch zu sehen, aber trotzdem pleite, krank und erfolglos sind. Wenn Sie der Meinung sind, sie müßten sich während Ihrer geistigen Arbeit mit derartigen Accessoires umgeben, dann tun Sie es. Erwarten Sie aber nicht, daß Sie damit größere Erfolge erzielen. Gerade die Flower-Power-Bewegung der sechziger Jahre und die Zeitungsberichte über alle möglichen Sekten und Gurus sind leider heute immer noch dafür verantwortlich, daß alles, was mit geistiger Arbeit zusammenhängt, sofort mit obskuren Sekten und deren Gurus in Verbindung gebracht wird.

Leben Sie Ihr Leben, aber begreifen Sie, daß nur das wachsen kann, was einmal gesät wurde. Lernen Sie zu verstehen, daß ein physischer Same, wie beispielsweise eine Eichel (die ja in sich schon die vollkommene Eiche beherbergt), und ein geistiger Same, wie beispielsweise eine Idee oder ein inneres Bild, energetisch ein und dasselbe sind. Eine Eiche wächst nach ihrer Art, egal, ob Sie nackt, bemalt und kreischend um sie herumtanzen oder ob Sie sie sich selbst überlassen. Alles wächst nach seiner Art und zu seiner Zeit, und so wächst auch Ihr Vorstellungsbild dessen, was Sie wirklich wollen, ständig heran, vorausgesetzt, Sie halten beständig daran fest, indem Sie es sich täglich erneut vor Augen führen und einprägen.

Ich hatte mit Menschen zu tun, die übers Jahr ein Aktivseminar nach dem anderen besuchen, Bücher verschlingen wie andere Kartoffelchips und trotzdem ihre Telefonrechnung nicht bezahlen können. Wer in der Theorie hängenbleibt und nicht mit der praktischen Arbeit beginnt, der bleibt der Spielball des Massenbewußtseins. Ich höre immer wieder von Lichtmeditationen und nächtlichen Visionen, von Astralreisen und Begegnungen mit Verstorbenen. Aber all diese Dinge sind nicht nachweisbar, und deshalb flüchtet sich mancher in jene Welt, um im Brustton der Überzeugung zu behaupten, daß Geld und Gut nicht wichtig und nicht notwendig wären auf unserer Welt, einzig und allein die Seele sei es.

Hier stimme ich mit Dr. Murphy völlig überein, wenn er sagt: »Wir leben nun einmal in dieser Welt, und ohne Geld geht hier gar nichts.« Deshalb sollten Sie Ihr Unterbewußtsein darauf ausrichten, hier auf diesem Planeten das zu verwirklichen, was Sie zu Ihrem irdischen Leben benötigen. Man muß nicht Geld anhäufen wie Dagobert Duck, aber ein wirklich erfolgreicher Mensch hat nun einmal keine Geldsorgen, und er ist auch nicht ständig krank.

Wer mit seinem Unterbewußtsein gezielt arbeitet, der erkennt, daß es wirklich funktioniert wie ein Schutzengel, ein Diener oder ein sehr, sehr guter Freund. Begreifen Sie, daß es um Sie geht; weder um ein obskures Sektentum noch um dubiose Rituale. Sie sind der wichtigste Mensch in Ihrem Universum, und für Sie habe ich dieses Buch geschrieben, damit auch Sie endlich wegkommen von dem verrückten Glauben, Ihr Leben sei von Zufällen und unvorhersehbaren Launen der Natur abhängig. Ist es nicht ein wunderbares Gefühl zu wissen, daß nur Sie allein die Wahl haben, wie Sie leben möchten? Ich persönlich fand das sehr faszinierend, und deshalb arbeite ich schon seit vielen Jahren sehr erfolgreich mit der Macht meines Unterbewußtseins, und dieses hat mich noch nie im Stich gelassen. So, nun sind Sie am Zug. Überblättern Sie die drei nun folgenden Arbeitsblätter bitte nicht, sondern nehmen Sie einen Stift zur Hand und beginnen Sie gleich jetzt damit, dem »inneren Schweinehund« die Zähne zu zeigen. Bedenken Sie, nur wer sät, kann auch einmal ernten. Also, auf geht's!

1. Arbeitsblatt

Name: _____   Datum: _____

Mein Ziel: _____

Warum möchte ich dieses Ziel unbedingt erreichen?

_____

_____

_____

_____

_____

_____

Was tue ich, um dieses Ziel auch sicher zu erreichen?

_____

_____

_____

_____

_____

Wochenplan konsequent eingehalten: ____

»Ja, ich bin wirklich zum Erfolg geboren
– wie der Vogel zum Fliegen!«

2. Arbeitsblatt

Mein Wochenplan:

Monat: _____ Woche: _____ 199__

Tag	Affir-mation	Imagi-nation	Subli-minal	Endlos-band	Phantasie-reise	Spiegel-behandlg.	Son-stiges
Mo							
Di							
Mi							
Do							
Fr							
Sa							
So							

»Ich weiß: was einmal geht, das geht
immer wieder!«

3. Arbeitsblatt

Plananalyse: Was kann ich noch besser machen?

_____

_____

_____

_____

_____

_____

Notizen, Anregungen, Ideen

_____

_____

_____

_____

_____

_____

»Hör auf zu suchen, laß Dich finden!«

4. Kapitel

Im 4. Kapitel lesen Sie,

- was die wahre Natur einer Lüge ist

- wie sich eine eifersüchtige Sekretärin verhielt

- vom ewigen Kampf Davids gegen Goliath

- warum auch Loslassen sehr wichtig ist

- was ein Binnenbrief ist

Die Lüge

Vor Jahren hatte ich einen Zivilprozeß gegen einen Geschäftsmann angestrebt, der mir über 10 000 Mark schuldete. Die Beweislage war für mich deshalb so schwierig, da mein Prozeßgegner seinerseits einen Zeugen benannte, der angeblich genau zu dem Zeitpunkt in seinem Büro zugegen war, als ich gesagt haben soll, er — dieser Geschäftsmann — habe in der betreffenden Angelegenheit schon genügend Ärger gehabt, und ich würde auf meine Forderung ihm gegenüber deshalb verzichten. Da es keine schriftlichen Unterlagen gab, weil ich all meine Geschäfte mit ihm vertrauensvoll per Handschlag tätigte, war meine Position in der ersten Verhandlung äußerst schlecht. Meine Aussage stand gegen die seine und die seines Freundes.

Nur ich allein wußte, daß mein Prozeßgegner das Blaue vom Himmel herunterlog, und meine Kenntnis hinsichtlich der geistigen Gesetze sagte mir folgendes: Wenn ich nun stetig bejahen würde, daß die Wahrheit in dieser Angelegenheit zum Tragen käme, müßte sich das doch letztendlich auf das Urteil des Vorsitzenden auswirken.

Überlegen Sie einmal: Mein Prozeßgegner log bewußt, und sein Unterbewußtsein, das den richtigen Sachverhalt und die Wahrheit sehr genau kannte, wußte dies. Ich entschloß mich deshalb zu bejahen, daß der Richter die Wahrheit erkennen und zu einem fairen Urteil kommen würde.

Als ich etwa drei Wochen später per Post den Gerichtsbeschluß zugestellt bekam, war ich nicht sehr überrascht, daß das Gericht meiner Klage stattgab und meinen Kontrahenten zur Zahlung meiner Forderung sowie sämtlicher Anwalts- und Gerichtskosten verurteilte.

Zufall? Mitnichten, denn ich hatte ja ein ruhiges und gutes Gewissen, und deshalb vertraute ich dem universellen Geist, dem nichts unbekannt ist. Wenden Sie in einem ähnlichen Fall dasselbe Rezept an, und Sie werden die gleichen Erfahrungen machen wie ich, denn das Gesetz des Geistes ist absolut gerecht. Ich wußte, daß ich die reine Wahrheit sagte; dies war meine starke Position. Er wußte, daß er log; das war seine schwache Position. Nun mußte ich mich nur von Haß und Ärger ihm gegenüber fernhalten und meine Position klar und deutlich gegenüber dem universellen Bewußtsein als die stärkere artikulieren, ohne daß ich meinem Prozeßgegner dabei etwas Schlechtes wünschte. Es mußte also der stärkere, erhabenere Impuls siegen, und in diesem Fall war der Richter das Instrument des Geistes, um die Dinge wieder ins rechte Licht zu rücken. Denn: »Alles, was du aussendest, kehrt verstärkt wieder zu dir zurück.«

Eine eifersüchtige Sekretärin

Ein guter Freund erzählte mir einmal das folgende: Zwischen ihm, seinem Partner und beider Sekretärin herrschte seit Wochen ein etwas angespanntes Klima. Die Sekretärin war zwar sehr arbeitsam, aber andererseits hatte sie ihren

Kopf überall, nur nicht bei der Sache. Teilweise mußte sie einen Brief drei- oder viermal schreiben, weil sie sich aufgrund ihrer Unkonzentriertheit ständig unnötige Fehler erlaubte. Sie war darüber hinaus über alle Maßen eitel und hielt sich selbst für absolut fehlerlos. Wenn nun mein Freund oder sein Partner diese Sekretärin auf einen dieser Leichtsinnsfehler hinwiesen, so konnte sie nicht sagen: »Ja, das habe ich falsch gemacht. Es wird nicht wieder vorkommen.« Nein, sie suchte ständig nach Ausreden, um ja niemals einen Fehler eingestehen zu müssen. Trotzdem arbeitete man schon seit vielen Jahren zusammen, und beide Partner entschlossen sich kurzerhand, die Dame etwas am Umsatz zu beteiligen, um dadurch ihr Geschäftsinteresse vielleicht etwas zu vergrößern und auf diesem Wege die Probleme zu beseitigen.

War ihnen selbst einmal ein Fehler unterlaufen, so sprachen sie offen miteinander darüber, in dem Glauben, sie würden ihrer Sekretärin dadurch die Hemmungen nehmen. Stand bei den beiden Chefs ein privates Fest an, so war die Sekretärin meist auch eingeladen, und so entstand auf privater Ebene eine fast freundschaftliche Basis – meinten jedenfalls die beiden.

Dies ging zwei Jahre gut; man ließ die Dame ihre Fehler und die darauf folgenden Korrekturen machen, und wenn es einmal besonders kritisch wurde, bügelte man die Sache selbst aus. Nach der Einstellung einer weiteren Kraft stellten die beiden dann fest, daß ihre vermeintliche »Perle« eine ganz große Egoistin war, die stets nur auf sich und ihren Vorteil schaute. Als sie nämlich bemerkte, daß die neue Kollegin ihre Arbeit gut und pünktlich ablieferte, rastete sie fast aus vor Eifersucht und schrieb bitterböse Briefe an ihre Chefs, die allerdings ihrer Art entsprechend, oberflächlich »zuckersüß« gehalten waren.

Mein Freund fragte mich nun, was er denn in so einer

Situation tun solle. Er sei von Natur aus ein positiver Mensch, und er wolle endlich wieder Frieden in seiner Firma haben. Andererseits war er aber nicht mehr bereit, noch mehr Zugeständnisse zu machen, denn diese Sekretärin wußte nichts von dem zu schätzen, was sein Partner und er in den letzten Jahren für sie getan hatten. Sie reagierte krankhaft eifersüchtig auf die neue Kraft, in der sie anstelle einer Kollegin nur eine Rivalin sah.

Ich erläuterte meinem Freund daraufhin, daß es immer Menschen gibt, denen man die ganze Welt zu Füßen legen kann, und denen dies immer noch nicht genügt. Wer so selbstherrlich und egoistisch ist, schlüpft sehr gerne in die Rolle des Märtyrers. So auch in diesem Fall. Ich empfahl meinem Freund deshalb, sein Unterbewußtsein um Rat zu fragen, denn – so mutmaßte ich – würde er ihr jetzt noch einen Schritt entgegenkommen, bestünde die Gefahr, daß sie versuchte, ihn noch mehr um den Finger zu wickeln.

Er setzte sich also des Abends hin und bejahte: »Meine Sekretärin ist eine Tochter des unendlichen Geistes; dieser allein weiß, wo ihr richtiger Platz im Leben ist. In göttlicher Ordnung eröffnet er nun auch mir, wie ich mit diesem Menschen umzugehen habe, und er läßt mich die richtigen Schritte unternehmen, zum Wohle meines Partners und unserer Firma. Ich weiß, daß die Kraft meines Unterbewußtseins in mir die Lösung kennt und diese mir jetzt enthüllt. So ist es und so wird es sein!«

Dies tat er etwa vier Wochen lang. Einfach entlassen konnte und wollte er sie nicht, denn einen konkreten Anlaß hatte sie ihm wohlbedacht nicht geliefert.

Wenige Wochen später betrat besagte Sekretärin eines Morgens sein Büro und legte ihm völlig überraschend ihre Kündigung vor mit dem Hinweis, sie hätte eine menschlich bessere und auch höher dotierte Stellung gefunden, und dann schwebte sie ganz hochnäsig von dannen. Sein Problem war dadurch gelöst.

Etwa drei Monate danach erfuhr er von Freunden, daß der neue Arbeitgeber diese Dame gleich nach der Probezeit auf die Straße gesetzt hatte. In dieser Firma hatte sie sich angeblich genauso aufgeführt wie bei ihm, nur fackelte der neue Chef nicht so lange wie sein Partner und er. Ob sie allerdings jetzt beginnt, auch einmal die Fehler bei sich zu suchen, hält er nach wie vor für höchst zweifelhaft.

Sie können jedes Problem an Ihr Unterbewußtsein weitergeben. Wenn Sie dieser Kraft in sich voll vertrauen, so wird sie in allen Angelegenheiten stets für Sie tätig sein. Manchmal, so riet ich meinem Freund am Ende unseres Gespräches noch, muß man einfach eine Lösung herbeiführen. Wenn man diese im Kopf aber nicht treffen kann oder will, dann tut das Unterbewußtsein dies perfekt für jeden der Beteiligten.

David und Goliath

Sehen wir uns nun ein Beispiel aus dem Bereich des Sports, genauer gesagt des Fußballs, an. Wie oft erleben wir, daß kleine Amateurvereine großen Bundesligaclubs vornehmlich auf eigenem Platz ein Bein stellen. Im Wettbewerb des deutschen Fußballpokals finden solche Siege von »David gegen Goliath« von Jahr zu Jahr immer häufiger statt. Betrachten wir uns dazu zunächst einmal die Ausgangsbasis eines solchen Spiels. Auf der einen Seite abgebrühte Profis, die täglich zweimal trainieren und auf internationaler Bühne als feste Größen zählen, wie beispielsweise die Spieler des FC Bayern München; auf der anderen Seite Feierabend-Fußballer, die bis 17 Uhr oder länger ihrem Beruf nachgehen müssen und zwei- bis dreimal pro Woche in den Abendstunden trainieren. Die unterschiedlichen Voraussetzungen sind glasklar, so daß man annehmen könnte, hier kann es nur einen Sieger geben.

Nun kommt aber noch eine sehr wichtige Komponente hinzu, die sich ausschließlich auf der geistigen Ebene abspielt. Nehmen wir weiter an, was auch meist der Fall ist, das Spiel wird mehrere Wochen vorher ausgelost und findet auf dem Platz des Amateurligisten statt. Was geht in den Köpfen der Spieler beider Mannschaften vor?

Betrachten wir uns zunächst die großen Profis. Sie nahmen in früheren Jahren die Auslosung zur Kenntnis, hakten sie aber schnell wieder ab, um sich auf ihr nächstes Bundesligaspiel zu konzentrieren. Je mehr sich im Laufe der Zeit diese »Sensationen« aber wiederholten und die Amateurligisten sich durchsetzten, nistete sich nach einer derartigen Auslosung nun der Furchtgedanke bei den Profis ein, man könne ein solches Spiel vielleicht auch verlieren. Diesen Furchtgedanken versuchten sie aber sofort wieder zu verdrängen. Unbewußt blieb jedoch ein flaues Gefühl zurück, ein kleiner Same von Furcht.

Nun zu unseren Amateuren. Vom Tag der Auslosung an gibt es bei ihnen nur ein Thema, nämlich das »Spiel des Jahres« aus ihrer Sicht gegen den Bundesligisten. Die Aktiven gehen ihren Ligaspielen wieder nach, die sie, so gut sie können, absolvieren. In Gedanken spielen sie aber jetzt schon gegen ihren großen Gegner. Da finden in den Visionen der Akteure schon gewonnene Zweikämpfe und geschossene Tore statt, und es genießt schon mancher in seiner Vorstellung, wie man ihn jubelnd als »Matchwinner« vom Platz trägt.

Nicht viel anders die Fans der Amateure, auch sie haben sich voll auf dieses eine Spiel konzentriert und durchleben den Triumph ebenfalls schon in ihren Tag- und Nachtträumen. Auf diese Weise entsteht eine Art Energiefeld, das sehr, sehr stark ist und nicht unterschätzt werden darf.

Nun erinnern wir uns wieder an den kleinen »Angstkobold« in den Köpfen der Profis. Dieser wird ebenfalls ständig genährt, und zwar durch die unterschwellige Furcht, sich eventuell doch blamieren zu können.

Das alles ist mit ein Grund dafür, daß kleine Vereine manchmal Sensationen zustande bringen, weil einzelne Spieler — oder sogar die ganze Mannschaft — über sich selbst hinauswachsen und dadurch sogenannte Jahrhundertspiele stattfinden können. Eine Woche später verliert vielleicht der gleiche Amateurverein sein Pflichtspiel gegen einen wesentlich schwächeren Gegner, weil ihm die Motivation fehlt und er immer noch vom Sieg der letzten Wochen über den Bundesligisten träumt.

Ein solch großer Erfolg wird manchmal auch noch in der nächsten Pokalrunde wiederholt, aber dann verändert sich postwendend die Situation wieder. Der nächste oder übernächste Bundesligagegner, der nun vorgewarnt ist, nimmt das Spiel jetzt besonders ernst, und die Elf ist fest entschlossen, es dem »David« zu zeigen. Die Profis träumen deshalb nun ihrerseits davon, deutlich und überlegen zu siegen. Die Amateure aber werden sehr oft vom Virus der Selbstüberschätzung befallen und glauben, diese Siege ganz einfach wiederholen zu können. Sie träumen wieder weniger, genauso wie die Zuschauer und Fans, die bereits mit höheren Erwartungen ins Stadion kommen. So verschieben sich die Gewichte auf einmal wieder auf die andere Seite, und man kann immer am Ergebnis ablesen, wenn es wieder einmal soweit ist.

Viele Trainer verstehen nicht, warum dies so ist, aber immer mehr Vereine und Manager erkennen, daß Psychologen für eine Mannschaft genauso wichtig sind wie ein guter Trainer. Heute ist es fast schon ungewöhnlich, wenn ein Bundesligaclub auswärts bei einem Amateurverein hoch und deutlich gewinnt, denn inzwischen glauben die Kleinen mehr und mehr an ihre Chance.

Vom Eppinger Sieg gegen den großen HSV redet man heute noch. Damals war dies eine Riesensensation, heute dagegen wäre es schon fast selbstverständlich. Es gilt inzwischen auch bei Bundesligaclubs fast als Kavaliersdelikt, solche Auswärtsspiele bei Amateurvereinen zu verlieren. Mal sehen, wie die Entwicklung weitergeht.

Über das Loslassen

Vielleicht ist es Ihnen auch schon so ergangen, daß Sie wochenlang etwas unbedingt wollten – ob materiell oder immateriell, ist momentan völlig gegenstandslos –, aber das, was Sie wollten, wollten Sie mit aller Macht. Wochenlang haben Sie alles versucht und sich immer wieder selbst motiviert, indem Sie sagten: »Ich schaffe es.« Sie haben alle Hebel in Bewegung gesetzt, und irgendwann, als alles nicht fruchten wollte, haben Sie dann gesagt: »Jetzt habe ich alles versucht und nichts erreicht, deshalb gebe ich endgültig auf!« Just danach aber, als sie »losgelassen« hatten, klappte es auf einmal wie von selbst, und Sie erreichten Ihr Ziel doch noch. »Loslassen« heißt also das Zauberwort!

Stellen Sie sich einmal vor, Sie haben Ihrem Unterbewußtsein Ihre Wünsche wochen- oder monatelang stark und emotionsgeladen mitgeteilt. Anstatt ihm nun aber Zeit zu lassen, Ihre Wünsche zu realisieren, beschweren Sie sich schon wieder bei ihm und fragen, warum es noch nicht so weit ist. Teilen Sie Ihre Wünsche mit, aber übermitteln

Sie ihm auch gleichzeitig Ihr Vertrauen. Natürlich ist es etwas anderes, ob ich mir eine Eigentumswohnung, ein Haus oder einen Parkplatz in der Innenstadt wünsche. Wenn Ihre Wünsche aber größer sind und es dadurch längere Zeit dauert, bis sie sich materialisieren, sollten Sie trotzdem eines beherzigen: Wunsch aussprechen, visualisieren, vertrauen, und dann gedanklich davon weggehen, bis zum nächsten gemeinsamen Termin. Wenn Sie sich – und deshalb gehe ich nochmals darauf ein – einen Zeitplan für Ihre geistige Arbeit machen, dann konzentrieren Sie sich während Ihrer Imaginationszeiten voll und ganz auf das, was Sie wollen, und lassen Sie dann wieder völlig los. »Augen auf, aufstehen und ins Tagesgeschehen hinein«, heißt die Devise, die Sie unbedingt beachten sollten.

Binnenbriefe

Als ich meine ersten Gehversuche auf diesem Gebiet machte, war ich bekanntlich völlig pleite (die komplette Geschichte können Sie in meinem ersten Buch »Nichts ist unmöglich« nachlesen). Damals suggerierte ich mir ständig: Ich bin wohlhabend, ich bin erfolgreich.

Wenn Sie nun noch, wie es damals bei mir der Fall war, ständig Binnenbriefe (»zahlen Sie bitte binnen...«) sowie Mahnungen der dritten Stufe bekommen und Sie Kreditgespräche mit Leuten führen müssen, welche Sie geistig schon längst als Verlierer abgehakt haben, dann glauben Sie das doch selbst nicht so recht, was Sie sich suggerieren. Wenn Sie aber in diesen Minuten Ihre Zukunft per visuellem Bild kurz und prägnant vor sich sehen, daraufhin in den Spiegel blicken und »Ich bin wohlhabend, ich bin erfolgreich« zu sich sagen, so weiß Ihr Unterbewußtsein, was es zu tun hat, und Sie selbst wissen, daß Ihr momentaner Zustand nicht mehr allzu lange andauern kann. Auf diese Weise können Sie dann ruhig und konzentriert arbeiten.

Es geht nicht darum, sich selbst etwas vorzumachen. Viele Kritiker des positiven und konstruktiven Denkens argumentieren damit, man würde sich nur etwas vormachen, wenn man sich etwas suggeriert, was das genaue Gegenteil der momentanen Realität ist. Diese Argumentation ist der beste Beweis dafür, daß diese Leute meist nicht die geringste Ahnung von dem haben, was sie gerade kritisieren.

Sie gehen bei einer Suggestion im Geiste nämlich genau dorthin, wo Sie in der Zukunft sein wollen, und danach setzen Sie sich wieder mit der Tagesaktualität auseinander. Wenn Ihnen dann im Laufe des Tages Angst- und Sorgegedanken kommen, sagen Sie sich ruhig und gelassen, daß Sie bereits auf dem Wege der Besserung sind. Ein Patient, der sich dreimal täglich 20 Minuten lang ruhig und bewußt suggeriert: »Es geht mir von Stunde zu Stunde immer besser und besser«, der macht das einzig Richtige: Er beschleunigt seine Heilung.

Halten Sie sich also an Ihren vorgegebenen Zeitplan, und zwar möglichst penibel. Das heißt nicht, daß Sie mehr erreichen, wenn Sie täglich Punkt sieben Uhr beginnen, aber Sie sollten schon die Zeiten und Abstände zwischen Ihren Übungen einhalten, die Sie sich vorgenommen haben. Es sollten nämlich die wichtigsten Termine des Tages für Sie sein, wenn Sie mit sich selbst zusammentreffen, denn Sie sind der wichtigste Mensch in Ihrer Welt.

Im Laufe der Zeit werden Sie feststellen, daß sich Freunde von Ihnen oder Sie sich von diesen trennen, oder neue Menschen treten in Ihr Leben. Oft sind das die ersten Anzeichen, daß sich etwas tut, etwas bewegt. Versuchen

Sie dann nicht mit Gewalt, Ihre Freunde festzuhalten, sondern lassen Sie sie einfach los, und klammern Sie sich nicht an alte Zöpfe oder Bindungen; diese haben vielleicht in Ihrem neuen Leben keinen Platz mehr. Je länger Sie warten, um so länger wird der Weg zu Ihrem Ziel.

Lassen Sie aber nicht schon nach zwei oder drei Tagen los, nur weil Sie zu faul sind, um dranzubleiben; diese Strategie geht bestimmt in die Hose. Wer aber schon über viele Jahre an etwas sehr Wichtigem arbeitet, der sollte ruhig einmal den Mut haben, den Weg des Loslassens zu gehen. Der Erfolg ist aber auch hier wieder von Ihnen und Ihrem Arbeitseifer abhängig. Deshalb greifen Sie jetzt zum Stift und starten Sie gleich in die zweite Arbeitsetappe.

1. Arbeitsblatt

Name: _____   Datum: _____

Mein Ziel: _____

Warum möchte ich dieses Ziel unbedingt erreichen?

_____

_____

_____

_____

_____

_____

Was tue ich, um dieses Ziel auch sicher zu erreichen?

_____

_____

_____

_____

_____

_____

Wochenplan konsequent eingehalten: _____

»Ja, ich bin wirklich zum Erfolg geboren
– wie der Vogel zum Fliegen!«

2. Arbeitsblatt

Mein Wochenplan:

Monat: _____ Woche: _____ 199__

Tag	Affir-mation	Imagi-nation	Subli-minal	Endlos-band	Phantasie-reise	Spiegel-behandlg.	Son-stiges
Mo							
Di							
Mi							
Do							
Fr							
Sa							
So							

»Ich weiß: was einmal geht, das geht
immer wieder!«

3. Arbeitsblatt

Plananalyse: Was kann ich noch besser machen?

_____

_____

_____

_____

_____

_____

Notizen, Anregungen, Ideen

_____

_____

_____

_____

_____

_____

»Hör auf zu suchen, laß Dich finden!«

5. Kapitel

Im 5. Kapitel lesen Sie,

- von geheimen Verstecken der Kindheit

- über zwei Berater, die sich nicht »grün« sind

- was das eigentlich soll

- wie Sie den richtigen Draht zu Ihrem Unterbewußtsein finden

- was Sie tun können, wenn Sie Probleme haben

- wie mein erstes Buch entstand

- über einen Unfall und etwas über die lästige Parkplatzsuche

Geheime Verstecke

Als wir noch Kinder waren, da hatten wir fast alle heimliche Verstecke, beispielsweise in Höhlen, unter Büschen, auf Bäumen oder in alten Häusern, wo wir nicht nur unsere Schätze aufbewahrten, sondern uns auch zurückziehen konnten, wenn wir einmal traurig waren, nachdenken oder einfach ein wenig allein sein wollten. Speziell die Mädchen, aber auch manche Jungs hatten an solch geheimen Orten oft Stofftiere oder Bilder von Idolen versteckt, mit denen sie sich aussprechen konnten. Wir unterhielten uns mit diesen Tieren oder Bildern wie mit einem guten Freund, berichteten ihnen von unserem Leid und teilten ihnen unsere Gefühle, unsere Freude, aber auch unseren Schmerz mit. Nach solchen Gesprächen mit unseren »Vertrauten« fühlten wir uns meist viel wohler, leichter oder zufriedener, allein deshalb, weil wir uns bei ihnen aussprechen konnten, ohne dafür sofort gemaßregelt zu werden.

Später, als wir älter wurden, vermißten wir diese Orte oft, weil sie meist schon lange nicht mehr existierten, und der Teddy, die Puppe oder das Stofftier längst den Weg alles Irdischen gegangen waren, und deshalb sollten wir uns solche Rückzugsorte heute wieder erschaffen.

Als mir jemand einmal diesen Rat gab, dachte ich so bei

mir, daß man es auch übertreiben könne mit den geistigen Praktiken, und ich zog mich kopfschüttelnd und mit dem Finger gegen die Schläfe tippend aus dieser Diskussion zurück. Nach einiger Zeit begriff ich aber, daß dies sehr wohl eine gute Möglichkeit sein könnte, Probleme anzugehen; aber dazu später mehr.

Ich will Ihnen zunächst beschreiben, wie wir so einen imaginären Raum in uns selbst entstehen lassen können. Setzen Sie sich dazu ganz bequem hin oder legen Sie sich flach auf den Rücken und schließen Sie die Augen. Nachdem Sie einige Zeit Ihren Atem beobachtet und Ruhe gefunden haben, stellen Sie sich bitte einen großen, geräumigen Fahrstuhl vor, der sich vor Ihnen öffnet. Treten Sie in ihn ein und drücken Sie den Knopf für das zehnte Untergeschoß; nun beobachten Sie, wie Sie mit dem Fahrstuhl abwärts gleiten, und sehen Sie jeweils die Türen der einzelnen Stockwerke, an denen Sie vorbeifahren. Jede dieser Türen hat eine große Zahl, die mit weißer Farbe – dick aufgetragen – deutlich zu lesen ist. Wenn Sie einsteigen in diesen imaginären Fahrstuhl, dann sehen Sie, nachdem sich die Tür geschlossen hat, als erstes die Zahl eins. Nach kurzer Zeit passieren Sie die Fahrstuhltür Nummer zwei; eine Zahl, die Sie ebenfalls klar und deutlich sehen können, so wie auch all die anderen, bis Sie bei Nummer zehn angelangt sind.

Im zehnten Untergeschoß angekommen, sehen Sie, wie sich diese Zahl in der Mitte teilt, indem die Tür mit der Zahl eins nach links und die mit der Null nach rechts aufgeht. Nun verlassen Sie den Aufzug, und treten Sie ein in Ihren Rückzugsraum, den Sie jetzt ganz nach Ihrem persönlichen Geschmack ausstatten können. Sie sollten ihn so einrichten, daß Sie sich darin sehr wohl fühlen. Ich beispielsweise habe ihn mit weichen Polstern ausgestattet, die Wände mit Samt bespannt und überall große, bunte, weiche Kissen ausgelegt. Ihr Raum sollte auch mindestens zwei Stühle beinhalten. Ich habe mich für zwei thronartige, hohe, mit Diamanten und Rubinen besetzte Gestelle entschieden, die nebeneinander stehen, so wie in früheren Königsschlössern jene von Herrscherin und Herrscher. Dem ganzen gab ich eine gedämpfte Beleuchtung, und schon war mein innerer Rückzugsort fertig. Ich überzeugte mich nochmals davon, daß ich mich dort sehr wohl fühlte, und entschied dann, daß dieser Raum genauso bleiben solle.

Nachdem Sie ebenfalls so vorgegangen sind – und ich möchte nochmals betonen, Sie sollen in diesem Raum das unterbringen, was Ihnen persönlich gefällt; außer den beiden Stühlen haben Sie absolut freie Hand –, sollten Sie nun damit beginnen, zwei geistige Berater zu imaginieren. Das können beispielsweise Menschen sein, die Sie bewundern, akzeptieren oder verehren. Ob bereits verstorben oder lebend, spielt absolut keine Rolle. Sie sollten einfach Menschen auswählen, von denen Sie glauben, daß sie kompetent genug sind, Ihnen Ratschläge zu geben. Dabei gibt es überhaupt keine Schamgrenze. Wenn Sie Napoleon oder August den Starken wählen, ist dies genauso gut wie Martin Luther King, Albert Einstein, Ihren Vater, Ihren Onkel, E.T., Mickey Mouse oder beispielsweise den Bundeskanzler. Sie sollten sich aber für jeweils einen weiblichen und einen männlichen Berater entscheiden. Wenn Sie Ihre Wahl getroffen haben, lassen Sie die Tür des Aufzuges nochmals aufgehen und die beiden hereinmarschieren. Begrüßen Sie sie und teilen Sie ihnen mit, daß Sie beide als Ihre persönlichen Berater ausgewählt haben; dann weisen Sie ihnen die Plätze auf den beiden Stühlen zu und fragen Sie sie, ob beide die Wahl annehmen.

Sie sind sich nicht »grün«

Ein junger Mann sagte einmal zu mir, nachdem ich ihm diese Variante der geistigen Beratung empfohlen hatte: »Ich hatte Humphrey Bogart und Doris Day ausgewählt, nur sind die nicht miteinander ausgekommen. Also habe ich Doris Day gegen Elizabeth Taylor ausgetauscht.«

Wenn auch Sie spüren, daß Ihre Entscheidung nicht richtig war, dann verändern Sie die Personen oder auch den Raum, so oft und so lange Sie wollen, bis Sie zufrieden sind. Erklären Sie dann Ihren beiden Beratern, daß Sie sie anfangs täglich einmal aufsuchen werden, um Ihre Probleme mit ihnen zu besprechen, und daß Sie erwarten, von ihnen beraten beziehungsweise geführt zu werden.

Danach verabschieden Sie sich bis zum nächsten Tag, treten wieder in Ihren Fahrstuhl ein und fahren, immer die Türen und Zahlen verfolgend, vom zehnten Untergeschoß wieder zurück ins Erdgeschoß. Wenn sich die Erdgeschoßtür öffnet, tun Sie bitte dasselbe mit Ihren Augen, stehen Sie auf und widmen Sie sich wieder Ihren täglichen Pflichten.

Was soll das?

Nun fragen Sie sich unterdessen bestimmt, was das Ganze eigentlich soll. Vielleicht zweifeln Sie inzwischen auch ein wenig an meinem Geisteszustand. Dennoch möchte ich versuchen, Ihnen zu beweisen, daß genau diese Arbeit hervorragende Resultate in Ihrem Leben bringen kann. Überlegen Sie einmal selbst, schon Ihr ganzes Leben, so lange Sie auf dieser Welt sind, werden Sie von einer inneren Stimme geführt. Diese hat Sie schon sehr oft gewarnt, sie gab Ihnen vielleicht ein bestimmtes Gefühl, eine Situation betreffend, ließ Sie etwas erahnen oder hat Ihnen gar ein Problem gelöst, mit dem Sie sich schon lange herumschlugen, nur haben Sie dies alles nicht bemerkt und dieser Lösung, die Ihnen durch Ihr Unterbewußtsein zuteil wurde, später den Namen »Zufall« gegeben. Diese Übung dient dem Zweck, einmal ganz bewußt einen Draht zu Ihrer inneren Stimme herzustellen.

Zu diesem Zweck haben Sie als erstes den Aufzug erschaffen, denn durch das Beobachten der Türen während der Abwärtsfahrt mit dem Aufzug lassen Sie Ihre tägliche Gedankenflut, die ständig Ihren Kopf beherrscht, etwas schneller los, und Sie entspannen sich dadurch leichter, was als Vorbereitung sehr wichtig ist. Zweitens sollten Sie sich deshalb diesen Raum so bequem als möglich einrichten, damit Sie sich dort richtig wohl, vertraut und geborgen fühlen können. Zum dritten haben Sie Ihrer inneren Stimme deshalb jeweils einen weiblichen und einen männlichen Körper zugeordnet, damit Sie einen wirklichen Ansprechpartner haben, den Sie sich vor Ihrem inneren Auge auch richtig visualisieren und vorstellen können, und last but not least sollen Ihre beiden neuen Freunde von nun an so unheimlich wertvoll für Sie sein, daß sie es einfach verdienen, auf zwei solch prunkvollen Thronsesseln zu sitzen.

Die ersten zwei oder drei Monate sollten Sie die beiden täglich mindestens zehn bis 15 Minuten lang besuchen und Ihre Anliegen und Probleme mit ihnen besprechen. Erwarten Sie einfach Antworten und fordern Sie diese auch von den beiden, bevor Sie Ihren Rückzugsort wieder verlassen. Vertrauen Sie Ihren beiden Beratern aber auch total, denn nur wenn Sie Ihrer inneren Stimme echtes Vertrauen schenken, bekommen Sie auch optimale Antworten.

Die von mir gemachte Zeitangabe von zwei bis drei Monaten beziehungsweise zehn bis 15 Minuten täglich sollten Sie als Empfehlung betrachten. Wichtig ist, daß Sie sowohl mit Ihren beiden Beratern als auch mit dem Raum vertraut werden, um feststellen zu können, daß Sie tatsächlich die richtigen Antworten erhalten. (Ich werde im nächsten Kapitel ausführlich auf solche Antworten aus dem Inneren eingehen, und in dem Zusammenhang von einigen bemerkenswerten Beispielen berichten.)

Stellen Sie also ganz bewußt Fragen an die beiden, und zwar jeweils an diejenige oder denjenigen, dem Sie die größte Kompetenz, diese Frage betreffend, zutrauen. Begrüßen Sie beide jeweils immer so, wie Sie dies auch mit anderen guten Freunden tun würden. Dann wählen Sie einen Platz, an dem Sie sich besonders wohl fühlen, und beginnen Sie mit dem Dialog.

Manchmal kommen Antworten prompt, was heißen soll, daß – noch während Sie fragen – Ihnen die jeweilige Lösung in den Sinn kommen kann. Bedanken und verabschieden Sie sich dann wieder, vorausgesetzt, Sie haben nicht noch etwas anderes mit den beiden zu besprechen. Meist aber kommt die Antwort zu einem Zeitpunkt, an dem Sie überhaupt nicht damit rechnen. Es gibt zig Möglichkeiten und Millionen von Kanälen, eine Antwort zu erhalten. Ich beispielsweise hatte einmal das Gefühl, einfach nicht von der Stelle zu kommen, alles schien zu stagnieren. Als ich am nächsten Morgen in meinen inneren Rückzugsraum ging, habe ich meine beiden Freunde dazu befragt. Ich wollte ganz einfach wissen, warum ich mich momentan im Kreis drehte. Ich sprach das Problem an und bat um eine Antwort, die befriedigend für mich sei. Dann ließ ich die Sache einfach los, fuhr zur Arbeit und kümmerte mich nicht mehr darum, denn ich wußte mein Problem ja in den besten Händen.

Am Abend des darauffolgenden Tages kam meine Frau von der Arbeit nach Hause und erzählte mir, sie hätte in einer Buchhandlung eine sehr reichhaltige Zitatensammlung gefunden, in der so ziemlich alle Sprichwörter des deutschen Sprachraumes zusammengefaßt sind, wie zum Beispiel: »Wer A sagt, muß auch B sagen.« – »Schuster, bleib bei deinen Leisten.« – »Jeder ist seines Glückes Schmied.« – »Hilf dir selbst, dann hilft dir Gott«, und so weiter. Sie hatte sich gedacht, das bringe ich meinem Mann mit, vielleicht kann er etwas davon für sein neues Buch verwenden. Ich bedankte mich bei meiner Frau dafür, aber da ich im Moment keine Zeit hatte, weil ich anderweitig beschäftigt war, legte ich das kleine Geschenk auch gleich wieder zur Seite.

Am selben Abend, ich wollte gerade zu Bett gehen, dachte ich mir: Schau doch einmal hinein in das Buch, das dir deine Frau mitgebracht hat. Ich schlug es also irgendwo in der Nähe der Mitte auf und blieb sofort am ersten Satz, den ich las, hängen. »Gott ist kein Kellner, er rechnet nicht täglich ab.« Ich las es, schlug das Buch wieder zu und wollte zu Bett gehen. Auf einmal aber spürte ich ganz deutlich: Das war meine Antwort. Ich bekam sie diesmal also in Form eines Sprichwortes, welches mir riet: Vertraue, es ist alles im Werden, aber im Moment ist die Zeit noch nicht reif dafür.

Nun fragen Sie sich vielleicht, woran ich denn erkannt habe, daß dies meine gesuchte Antwort war? Keine Sorge, im Laufe der Zeit – und dabei hilft die Verbildlichung von Aufzug, Raum, Beratern und der ständige Besuch dort – entwickeln auch Sie ein Gefühl dafür, welches sich, wie Sie mir dann sicher bestätigen können, aber nur sehr schwer beschreiben läßt. Vielleicht könnte man sagen, man spürt so eine Art feinen Stromstoß, und auf einmal weiß man einfach, daß das die gesuchte Antwort ist.

Ich habe anschließend etwa eine Stunde lang versucht, diesen kurzen Spruch in dem Buch wiederzufinden, leider vergebens. Erinnern Sie sich: Es gibt keinen Zufall, es gibt nur das ewige Naturgesetz von Ursache und Wirkung. Ursache war meine Frage, und die Antwort durch meine Berater war die Wirkung. Die Antwort kam keine 36 Stunden später in Form eines Sprichwortes, das meine Frau, verpackt in einem Buch, nach Hause brachte.

Als ich am nächsten Morgen meiner Edith die Begebenheit erzählte, bekam diese eine richtige Gänsehaut, und sie berichtete mir, daß sie am Tag zuvor eigentlich gar nicht so recht wußte, wie ihr geschah, als sie sich entschied, dieses Buch zu kaufen. »Wenn du mich fragst«, sagte sie, »dann kann ich keinen genauen Grund nennen, warum ich es kaufte. Es war einfach eine Art Gefühl. Erst später, als ich es schon hatte, dachte ich bewußt darüber nach, daß es dir vielleicht von Nutzen sein könnte.«

Nun aber noch einmal zurück zur Technik der inneren Verbildlichung, unseren imaginären Rückzugsort betreffend. Vielleicht sagt Ihnen die Einleitung mit dem Aufzug und den Zahlen an der Tür nicht zu. In diesem Fall zögern Sie nicht und wählen Sie einfach eine andere Variante. Sie können statt dessen auch über eine Wiese laufen oder einen Feldweg entlanggehen, bis Sie einen mächtigen Berg vor sich sehen, und mitten in diesem Berg entdecken Sie dann eine große, schwere Eichentür, in die Ihr Name geschnitzt ist. Öffnen Sie die Tür und gehen Sie in diesen Berg hinein, bis Sie am Ende des Stollens ein Licht sehen, das aus einem gemütlichen, großen Raum kommt, in dem Sie dann Ihren inneren Rückzugsort wiederum einrichten. Lassen Sie also Ihrer Phantasie freien Lauf.

Ich betone nochmals, daß dies nur zur Vorbereitung und Einstimmung dient. Dadurch werden Sie ruhiger, lassen sich besser fallen, und Ihnen schwirrt nicht ständig der normale Alltagskram durch den Kopf – das ist sehr wichtig. Irgendeine Art der Vorbereitung sollten Sie deshalb auf jeden Fall wählen.

Haben Sie Probleme?

Manche Menschen haben angeblich Probleme, sich etwas bildlich vorstellen zu können, und deshalb geben sie schon auf, bevor sie richtig angefangen haben. Jeder kann aber imaginieren, wenn er sich auf etwas konzentriert. Wenn Sie noch nicht so richtig wissen, ob Sie es können, machen Sie folgenden Test: Verbinden Sie sich die Augen mit einem Tuch und gehen Sie dann – sozusagen blind – durch Ihre Wohnung. Sie werden dabei sehr schnell feststellen, daß Sie sich alles um sich herum genauestens vorstellen können.
Suchen Sie daher nicht ständig nach Ausreden, es gibt keine. Beobachten Sie, wie Ihr Körper auf Bilder reagiert. Beispielsweise denken Sie jetzt einmal daran, wie es wäre, in eine große reife, gelbe Zitrone zu beißen. Und schon läuft Ihnen das Wasser im Munde zusammen, stimmt's? Sie alle wissen, wie es ist, wenn man hungrig ist und sich seine Lieblingsspeise vorstellt, oder wenn man in der heißen Sonne liegt und an einen kühlen Drink denkt. Coca-Cola hatte einmal eine sehr gute Werbung, vielleicht kennen Sie diese sogar: Eine Straßenbaukolonne in der Wüste, irgendwo in Amerika, bei etwa 45 Grad Hitze. Einer der dort arbeitenden Männer erzählt seinen Kollegen aufreizend langsam, wie er den Kühlschrank öffnet, eine imaginäre eiskalte Flasche dieses Kult-Getränks aus der hintersten Ecke hervorholt. Er deutet an, wie er sie zum Mund führt, ansetzt; dann beschreibt er, wie dieses eis-

kalte Getränk durch seine ausgetrocknete Kehle rinnt. Dabei sieht man im Hintergrund des Bildes die flimmernde Hitze und die einsame Straße mitten in der Wüste.

Wie ist es Ihnen während dieser Beschreibung ergangen, haben auch Sie ein wenig Durst bekommen? Der Mensch denkt in Bildern. Wenn Sie das bis jetzt noch nicht verstanden haben, dann konnte ich Sie mit diesem Beispiel vielleicht noch etwas mehr überzeugen.

Genauso wie die Mundspeicheldrüsen auf das Hineinbeißen in eine Zitrone reagieren, reagiert Ihr Körper auf das Bild, das mit einem Gefühl gepaart ist, und schon die Logik sagt uns, daß sich ein solcher Gedanke – ständig wiederholt – automatisch verstärken muß.

In Amerika und auch hier in Deutschland hat man Werbespots verboten, in denen blitzartig Bilder eingeblendet werden, die das menschliche Auge nicht bewußt wahrnimmt. Damit kann man Menschen nämlich manipulieren, was clevere Werbefachleute schon längst erkannt haben. Nehmen wir an, Sie sitzen im Kino und sehen sich nichtsahnend einen Film an. Dazwischen werden alle fünf Minuten einzelne Bilder geschaltet, die oft nur einige Zehntelsekunden lang erscheinen, und deshalb von Ihrem Auge nicht bewußt wahrgenommen werden. Ihr Unterbewußtsein aber nimmt – wie bei einer Subliminalcassette – diese Botschaften wahr, und bei Versuchen in den USA hat man folgendes festgestellt: Mehrere Versuchspersonen saßen im Kino und ließen sich einen Film vorführen, beispielsweise den Klassiker »Lawrence von Arabien«. Nun blendete man in regelmäßigen Abständen ein schäumendes, eisgekühltes Bier ein, mit der aufgedruckten Werbung der Herstellerfirma auf dem gefüllten Glas. Vor dem Kinosaal im Foyer hatte man inzwischen drei Stände mit Bier aufgebaut. Zwei davon trugen das Emblem von Brauereien, die nichts mit der eingeblendeten Biermarke zu tun hatten, der dritte Stand hingegen repräsentierte genau diese Marke.

Man hat festgestellt, daß in der Pause des Films mehr als doppelt so viele Menschen zu dem Stand drängten, welcher die eingeblendete Biermarke repräsentierte, obwohl dieser wesentlich weiter von der Eingangstür des Kinosaals entfernt war als die beiden anderen Stände. Reine Manipulation des Unterbewußtseins, und nichts anderes. Der Film, der vornehmlich in der Wüste spielt, vermittelte – in Verbindung mit der Einblendung – das Gefühl von Durst und den Wunsch nach einem Glas Bier. Das Unterbewußtsein erfuhr aber auch gleich, welche Marke man zu bestellen hatte, und als die Augen jener Besucher im Foyer dann genau die Buchstabenfolge wahrnahmen, die ihnen während der Vorstellung suggeriert wurde, strebte die Mehrzahl auch genau dorthin. Ich will zwar nicht unken, aber ich wette, daß die Werbeleute inzwischen schon andere wirksame Tricks gefunden haben, um ähnliche Effekte zu erzielen.

Halten wir also nochmals fest: Ein Bild sagt nicht nur mehr als tausend Worte, es bewirkt auch mehr. Viele Völker in der Antike verbreiteten schon deshalb den Hinweis: Die Imagination – also die Verbildlichung – ist die Werkstatt Gottes.

Wie mein erstes Buch entstand

Nun will ich mein Versprechen einlösen und Ihnen einige Fälle schildern, in denen meine geistigen Berater mitmischten. Schon seit einigen Jahren war mir klar, daß ich all meine Erfahrungen auf dem Gebiet des konstruktiven Denkens irgendwie festhalten müsse. Wenn sich mir aber die Idee, ein Buch zu schreiben, aufzudrängen versuchte, wimmelte ich diese auch gleich wieder ab. Ich fühlte mich absolut nicht kompetent, so etwas zu tun, und deshalb wollte ich mich auch nicht darin versuchen. Je mehr Erfahrungen aber im Laufe der Zeit dazukamen, und je mehr ich feststellte, wie sehr man den Menschen mit diesem Wissen helfen kann, desto mehr klopfte der Gedanke an meinem geistigen Tor wieder und wieder an.

Damals wußte ich noch nichts von einem inneren Rückzugsort und schon gar nichts von geistigen Beratern, hörte aber mit der Zeit damit auf, mich gegen diese Idee zu sperren und machte es mir zur Gewohnheit, zu mir selbst zu sagen: »Wenn dies mein Weg ist, so wird mich mein Unterbewußtsein in die Situation versetzen, einmal ein solches Buch zu schreiben!«

Am Abend meiner Hochzeitsfeier im August 1990 vereinbarte ich mit zwei Freunden einen Gesprächstermin, um einmal zu eruieren, welche Möglichkeiten wir wohl hätten, gemeinsam zur Verbreitung des konstruktiven Denkens beizutragen. Wir dachten daran, eventuell Seminare anzubieten, vor allem in der sich damals gerade in Auflösung befindlichen Ex-DDR. Ina, eine von uns Dreien, hatte jahrelange Erfahrungen als Seminar-Co-Therapeutin gesammelt, und unser gemeinsamer Freund Volker hatte, ebenso wie ich, schon einige persönliche Erfolge mit dem konstruktiven Denken und eine ganze Menge absolvierter Seminare auf diesem Gebiet vorzuweisen.

Drei Wochen nach meiner Hochzeit setzten wir uns wie vereinbart zusammen und kamen am Ende des Gespräches zu dem Schluß, zunächst eine Basis für ein solches Vorhaben schaffen zu wollen, und zwar in der Form, daß wir gemeinsam eine Art Broschüre formulieren, die andere über die Ziele unserer Arbeit informiert, und wir beschlossen des weiteren, daß jeder von uns dazu einen längeren

Artikel beisteuert. Nach zwei Wochen sollte jeder diese Arbeit beendet haben, damit wir an die Zusammenstellung der Broschüre gehen konnten.

Schon einen Tag danach begann ich begeistert damit, meinen Teil der Abmachung zu erfüllen, und schrieb, bis mir fast die Finger von den Händen fielen. Ich hatte genau 51 Seiten zusammen, als ich mich dazu entschloß, es damit gut sein zu lassen.

Nach Ablauf der zwei vereinbarten Wochen rief ich meine beiden Partner an, um zu fragen, wie weit sie denn ihrerseits inzwischen gekommen seien. Ina erklärte am Telefon wörtlich, daß sie vor lauter Arbeit noch gar nicht dazu gekommen sei, auch nur eine einzige Zeile zu schreiben, und Volker gestand mir, daß sein bisheriger Beitrag lediglich aus einer einzigen Zeile bestehen würde.

Nun wurde mir plötzlich klar, daß das Ganze von meinem Unterbewußtsein nur dazu inszeniert sein konnte, damit ich endlich einmal damit beginne zu schreiben, und genau das tat ich dann auch. Sechs Wochen später war mein erstes Buch fertig, denn ich nahm diese Aufforderung seitens meines höheren Selbst sehr ernst. Durch einen einfachen Trick hatte mich mein Unterbewußtsein dazu gebracht, meine Minderwertigkeitskomplexe abzulegen. Es hatte mich glauben lassen, daß ich Teil eines Teams war, und diese vermeintliche »Nestwärme« ließ mich frei und ungezwungen loslegen.

Die Fahrt zum Gardasee

Das zweite Beispiel, von dem ich Ihnen berichten möchte, trug sich ein Jahr später zu. Ich war auf dem Weg zum Gardasee, um meinen Geschäftspartner zu besuchen und bei ihm eine Woche Urlaub zu machen. Kurz vor meiner Abfahrt rief dieser mich zu Hause an und teilte mir mit, sein Fernsehapparat hätte den »Geist« aufgegeben, und er bat mich deshalb, ihm aus seinem Haus in Deutschland ein Zweitgerät mitzubringen. Da dieser Fernsehapparat aber nicht in den Kofferraum meines Autos paßte, weil er zu groß war, stellte ich ihn auf den Beifahrersitz und fuhr dann los in Richtung Italien.

An der schweizerisch-italienischen Grenze bei Chiasso angekommen, winkte mich der italienische Zöllner rechts raus und erklärte mir durch Handzeichen und wenige Worte Englisch, daß die Einfuhr von Fernsehgeräten für Touristen seit kurzem verboten sei, weil die Geräte in den Ferienwohnungen meist nicht angemeldet werden würden. Nun stand ich da, mitten in der Blechlawine an der Grenze zu Italien und hatte die Wahl, entweder nach Hause zurückzufahren oder das Fernsehgerät irgendwo in Chiasso zu deponieren. Da die Zöllner, wie bereits geschildert, kein Deutsch und nur ungenügend Englisch sprachen und von den Passanten auf der Straße sicher auch nicht mehr zu erwarten war, mußte ich mir den Weg in die Stadtmitte selbst suchen, wo ich bei der Post beziehungsweise am Bahnhof Schließfächer vermutete, in denen ich glaubte, den Fernsehapparat vorübergehend deponieren zu können.

Während ich unmittelbar vor dem Grenzübergang wendete, sagte ich – an meine Berater gewandt – laut vor mich hin: »Also, ihr beiden, ich brauche jetzt eure Hilfe. Ich erwarte, daß ihr mich genau dorthin führt, wo ich das Fernsehgerät sicher unterstellen kann!« Dann ließ ich diesen Gedanken sofort wieder los und beschloß, fest darauf zu vertrauen, daß ich von den beiden, also meinem Unterbewußtsein, richtig geleitet werden würde.

Ich fuhr los in Richtung Stadtmitte und bog jeweils so ab,

Subliminals – cassetten
Verlag Edition Kraftpunkt
Toni Fedrigotti
86167 Augsburg

"Wer zweifelt – verliert !!"

wie es mir mein erstes Gefühl eingab, wenn ich mich einer Ampel näherte. Wenig später erspähte ich einen der wenigen freien Parkplätze in der City von Chiasso und beschloß, gleich dort mein Auto abzustellen, um zu Fuß weiterzusuchen.

Ich verließ meinen Wagen und lief etwa zehn Meter weit bis zur nächsten Straßenecke. Dort hatte ich vor, mich etwas genauer zu orientieren, wo genau ich mich im Moment befand. Da sah ich, daß ich direkt vor dem Haupteingang des Postamtes stand. Ich trat ein, sprach eine Schalterbeamtin an, und – wie sich später herausstellte – war sie die einzige von sechs Damen dieses Postamtes, die der deutschen Sprache mächtig war. Ich fragte sie, wo ich den Fernsehapparat möglicherweise unterstellen könne. Genau auf der anderen Straßenseite sei der Eingang zur Gepäckaufbewahrung des Hauptbahnhofes, sagte die Beamtin, und ich könne den leeren Gepäckwagen – der verlassen neben mir stand – gleich mitnehmen; eine Kundin hätte ihn vor wenigen Minuten dort »zufällig« stehenlassen. Ich brauchte also weder einen Wagen zur Beförderung des Gerätes zu suchen noch mehr als 20 Meter zu gehen, und schon war der Fernsehapparat bestens versorgt.

Als ich dies alles erledigt hatte und wieder in meinem Auto saß, hatte ich gerade 25 Minuten Zeit gebraucht, und ich bedankte mich deshalb sehr herzlich bei meinen beiden »inneren Freunden«, die mich wieder einmal hervorragend gelenkt und geleitet hatten. Auf sie war eben Verlaß, wie schon so oft zuvor. Vielleicht meinen Sie jetzt, daß es so etwas doch nur im Kino geben könne, aber Sie haben ja die Möglichkeit selbst zu testen, ob diese Geschichte der Wahrheit entspricht. Beginnen Sie jetzt mit Ihrer Arbeit, zu zweifeln und in der Nase zu bohren genügt nicht.

Der Unfall

Ein junger Mann aus Freiburg erzählte mir einmal folgendes: Eines Tages fragte er seine beiden Berater, ob er seine Freundin, mit der er seit Jahren liiert war, heiraten solle oder nicht. Das Mädchen ihrerseits machte ihm deswegen schon seit einigen Monaten die Hölle heiß. In den ersten drei Wochen seiner geistigen Arbeit tat sich absolut nichts, woraus sich ein Hinweis für ihn hätte ergeben können. Er war aber sehr klug und sagte sich: »Ich habe meinen beiden Beratern einen klaren Auftrag gegeben, und ich weiß, daß die Antwort von ihnen kommen wird. Ich vertraue und denke nicht daran, zu reklamieren.«

Eines Abends, er war wieder einmal mit seiner Freundin verabredet, klingelte das Telefon genau in jenem Moment, als er schon beinahe zur Haustür hinausgegangen war. Er lief nochmals zurück in die Wohnung und nahm den Hörer ab, weil er vermutete, daß seine Freundin am Apparat sein könnte. Es war aber einer seiner Kunden am anderen Ende der Leitung, der ihm einige geschäftliche Fragen stellte und ihn so fast zehn Minuten lang aufhielt.

Etwas hektisch, denn er war stets ein pünktlicher Mensch, bestieg er dann sein Auto und fuhr zu seiner Verabredung. »Es war zum Verzweifeln«, meinte er, »ich war sowieso spät dran, und dann geriet ich zu allem Überfluß auch noch in einen Stau.«

25 Minuten zu spät kam er etwas genervt bei seiner Freundin an und fand an ihrer Tür einen Zettel vor, auf dem sie ihm mitteilte, daß sie 20 Minuten lang auf ihn gewartet hätte und nun allein losgefahren sei zu jener Geburtstagsfete, auf der sie beide erwartet wurden.

Etwas erbost, daß sie nicht auf ihn wartete – denn er war sonst immer pünktlich –, drehte er auf dem Absatz um und wollte wieder zurück zum Auto. Gerade als er wütend kehrt machte, stieß er mit einer jungen Dame zusammen, die durch den Aufprall sofort zu Boden stürzte und mit dem Kopf so unglücklich gegen eine Parkuhr stieß, daß sie sich eine schlimme Platzwunde einhandelte, die sofortiger Behandlung bedurfte. Er brachte sie deshalb auf dem schnellsten Wege mit seinem Wagen zu einem Arzt, wo die Wunde mit zwei Stichen genäht wurde. Danach fuhr er sein Unfallopfer nach Hause.

Am nächsten Tag erzählte er seiner Freundin von diesem Vorfall; diese reagierte äußerst ungehalten, denn sie glaubte ihm kein Wort, und so sahen sich die beiden dann etwa zwei Wochen lang nicht mehr. Da er sich aber für die junge Dame, die durch ihn zu Schaden gekommen war, verantwortlich fühlte, besuchte er sie einige Male zu Hause, und dabei verliebten sich die beiden prompt ineinander. Er sagte zu mir: »Normalerweise hätte ich Martina nie angesprochen, wenn wir uns irgendwo anders begegnet wären, denn sie war auf den ersten Blick überhaupt nicht mein Typ.« Inzwischen leben die beiden seit einigen Monaten zusammen und haben die Absicht, bald zu heiraten, da bereits ein Baby unterwegs ist.

Er ist sich darüber im klaren, daß alle Widrigkeiten, die ihm im Wege standen, wie das Klingeln des Telefons, der Verkehrsstau und vor allem der Zusammenstoß mit Martina dazu beigetragen hatten, seine Frage nach der Beziehung zu seiner früheren Freundin Iris zu beantworten, von der er sich übrigens sehr schnell trennte. Sein Problem wurde auf diesem Weg von seinen Beratern zu seiner vollsten Zufriedenheit gelöst. Mal ehrlich, hätten Sie diese Geschichte nicht vor Wochen noch als »Zufall« bezeichnet? Inzwischen wissen Sie es hoffentlich besser.

Parkplatzsuche

Sie kennen sicher alle die folgende Situation: Sie wollen in die City fahren, und Sie suchen verzweifelt einen Parkplatz. Hier nun ein heißer Tip, tausendfach geübt: Setzen Sie sich vor Ihrer Abfahrt ruhig hin und sagen Sie zu Ihren beiden Beratern nur diesen einen Satz: »Ich weiß und glaube, daß ich zum richtigen Zeitpunkt den idealen Parkplatz finden werde, der meinen Ansprüchen genügt und der zentral gelegen ist. Ich vertraue und lasse jetzt los.«

Dann vergessen Sie das Ganze wieder und fahren los in Richtung Innenstadt. Diese Übung kann, muß aber nicht beim ersten Mal gelingen, denn nur wenn Sie das, was Sie eben bejaht haben, nicht gleich wieder bezweifeln, wird es auch gelingen. Wenn Sie die ganze Fahrt hinweg aber überlegen, warum und wie, weshalb und wodurch, und überhaupt..., dann wissen die beiden Berater in Ihrem Inneren nicht mehr, was sie tun sollen. Geben Sie ihnen einen klaren Befehl, so wie beim Militär. Ein Feldwebel, der zum Antreten befiehlt, zweifelt auch nicht daran, daß seine Rekruten auf ihn hören. Ihre Berater, Ihr Unterbewußtsein erwartet, daß Sie ihm vertrauen. Deshalb formulieren Sie vorgenannten Satz klar, deutlich und in dem Wissen, daß Sie das auch glauben, was Sie sagen, um Ihrem Zweifel weniger Chancen einzuräumen.

Wenn Sie sich dieses Vertrauen einmal erworben haben und es halten können, dann werden Sie sich wundern, an welch günstig gelegene Parkplätze Sie in Zukunft kommen werden. Durch diese Übung können Sie auch testen, wie sehr Sie Ihrem eigenen Unterbewußtsein vertrauen können. Wenn Ihnen diese einfache Übung mehrmals gelungen ist, dann wissen Sie, daß Ihnen auch alles andere in Ihrem Leben gelingen wird, dann werden Sie begeistert und ständig an Ihren inneren Rückzugsort gehen, denn von dort aus geschehen wirklich noch Zeichen und Wunder. Wenn Sie allerdings, was absolut normal ist und unser aller Erziehung entspricht, ständig Zweifel hegen und zu diesem Zweck Ihren Text im Auto hundertmal wiederholen, oder wenn Sie darüber nachdenken, wie und wo sich ein Parkplatz ergeben könnte, dann sollten Sie daraus die Lehre ziehen, daß Sie nur durch Übung zum Erfolg gelangen, das heißt, Sie müssen es ständig weiter versuchen. Lesen Sie Bücher, machen Sie Visualisierungsübungen, sprechen Sie Bejahungen und hören Sie Subliminalcassetten. Auf jeden Fall sollten Sie aber daran gehen, Ihren inneren Rückzugsort einzurichten, um dort tagtäglich mit Ihren beiden Beratern zu sprechen.

Sprechen Sie im Geiste mit den beiden, sprechen Sie über jedes Problem mit ihnen. Mit der Zeit entwickeln Sie ein Gespür dafür, wenn die beiden Ihnen wieder einmal geholfen haben, und peu à peu kommen sie Ihnen, sprich Ihrem Unterbewußtsein, immer näher.

Es ist ganz interessant, einmal festzustellen, wie sehr Sie sich selbst glauben und vertrauen können, und inwiefern Zweifel, Angst und Unsicherheit in Ihrem Leben eine Rolle spielen. Wenn Sie feststellen, daß letztere Sie ständig mit ihrer Aufdringlichkeit belästigen, dann können Sie nur dadurch etwas ändern, indem Sie vertrauensbildende Maßnahmen ergreifen und Ihr inneres Tonband mit positiven, konstruktiven, selbstvertrauenbildenden Affirmationen und Imaginationen bespielen.

Es ist aber wie beim Leistungssport: Wer nicht täglich trainiert, kann niemals Meister werden.

1. Arbeitsblatt

Name: _____ Datum: _____

Mein Ziel: _____

Warum möchte ich dieses Ziel unbedingt erreichen?

_____

_____

_____

_____

_____

_____

Was tue ich, um dieses Ziel auch sicher zu erreichen?

_____

_____

_____

_____

_____

_____

Wochenplan konsequent eingehalten: _____

»Ja, ich bin wirklich zum Erfolg geboren
– wie der Vogel zum Fliegen!«

2. Arbeitsblatt

Mein Wochenplan:

Monat: _____   Woche: _____   199__

Tag	Affir-mation	Imagi-nation	Subli-minal	Endlos-band	Phantasie-reise	Spiegel-behandlg.	Son-stiges
Mo							
Di							
Mi							
Do							
Fr							
Sa							
So							

»Ich weiß: was einmal geht, das geht
immer wieder!«

3. Arbeitsblatt

Plananalyse: Was kann ich noch besser machen?

_____

_____

_____

_____

_____

_____

Notizen, Anregungen, Ideen

_____

_____

_____

_____

_____

_____

»Hör auf zu suchen, laß Dich finden!«

6. Kapitel

Im 6. Kapitel lesen Sie,

- was ein »Metzgersgang« genau ist

- warum Sie die kleinen Hilfen des Unterbewußtseins annehmen sollten

- über den mächtigen Kobold Angst

- etwas über 100 sehr kluge Sprüche

- wie Sie Ihre mentalen Fesseln sprengen können

- von verrotteten Wasserpumpen auf den Philippinen

Ein Metzgersgang

Eines Tages rief eine junge Dame in meinem Immobilienbüro an und fragte mich nach einer Zwei-Zimmer-Mietwohnung. Ich konnte ihr leider nicht weiterhelfen, denn Mietwohnungen hatte ich nicht im Angebot. Sie ließ aber nicht locker, und so erfuhr ich im Laufe des Gespräches, daß sie in zwei Monaten aus ihrer jetzigen Wohnung ausziehen müsse und seit Wochen schon auf der Suche nach einer neuen Bleibe wäre. Auf einmal fing sie zu weinen an, und ich unterhielt mich aus diesem Grund noch etwas eingehender mit ihr. Ich empfahl ihr Dr. Murphys Buch »Die Macht Ihres Unterbewußtseins«, und dann erklärte ich ihr im Telegrammstil die Grundzüge des konstruktiven Denkens. Am Schluß unseres Gespräches bat ich sie noch, sich wieder bei mir zu melden, wenn sie das Buch gelesen habe.

Nach etwa drei Wochen rief sie wieder an, und wir vereinbarten folgendes miteinander: Ich sagte ihr, sie solle sich morgens unmittelbar nach dem Aufstehen zehn Minuten, während der Mittagspause fünf Minuten und abends vor dem Einschlafen nochmals zehn Minuten ruhig und entspannt hinsetzen und sich verbildlichen, wie sie die Wohnung, die sie im Moment noch suchte, bereits schon einrichte, und daß sie sich dazu so lebhaft wie möglich vorstellen solle, wie ihre beste Freundin zu ihr sagen würde: »Mensch, hast du ein Glück gehabt, eine so schöne Wohnung und so preiswert!«

Ich schärfte ihr ein, diese Übung tagtäglich konsequent durchzuführen und jeweils morgens und abends ihre Verbildlichung durch das Abspielen der Subliminalcassette mit dem Titel »Erfolg« zusätzlich zu unterstützen.

Nachdem etwa vier Wochen vergangen waren und sie nebenbei die Anzeigen in den einschlägigen Zeitungen weiterhin verfolgt hatte, begegnete sie auf der Straße einem jungen Mann, mit dem sie sich schon immer sehr gut unterhalten hatte und der im Supermarkt um die Ecke als Metzger und Fleischverkäufer arbeitete. An diesem Tag trafen sie sich zum ersten Mal – sozusagen privat –, und das war der Grund, warum er sie ganz spontan zu einem Kaffee einlud. Diesem Gespräch entsprang eine weitere Einladung, diesmal zum Segeln an den Bodensee, denn dieser Metzger hatte dort zusammen mit einem Freund ein Segelboot. Sie nahm diese Einladung gerne an und bedankte sich dafür.

Zwei Wochen später dümpelten sie gemeinsam mit fünf anderen Freunden bei herrlichem Wetter über den Bodensee. Im Laufe eines kleinen, abendlichen Bordfestes unterhielten sich zwei der Mitsegler angeregt über verschiedene Kapitalanlagen und die damit verbundenen Renditen, und während dieses Dialogs fiel unter anderem der Name Pforzheim – ihre Heimatstadt. Als sie deshalb etwas näher hinhörte, erfuhr sie, daß einer der beiden Männer dort eine Drei-Zimmer-Eigentumswohnung erworben hatte und nun einen Mieter dafür suchte. Ihr Problem war plötzlich gelöst, denn dieser Segelkamerad akzeptierte sie sofort als seine neue Mieterin, und dies alles geschah zu einem Zeitpunkt, als sie überhaupt nicht damit rechnete.

Später sagte sie zu mir: »Ich kann es kaum glauben, daß

dies auf die geistige Arbeit zurückzuführen ist. Aber ich werde es bald herausfinden, denn ich will ganz intensiv damit beginnen, mein Leben von Grund auf durch die Kraft des konstruktiven Denkens zu verändern.«

Die Bejahung ist neben den inneren Bildern, die wir visualisieren, eine der stärksten Kräfte, die wir in uns haben. Kommen Ihnen folgende Sätze nicht auch bekannt vor?

- Das traue ich mir nicht zu.
- Das kann ich nicht.
- Das brauche ich erst gar nicht zu versuchen.
- Das hätte ich dir gleich sagen können, daß das nicht geht.

Warum verwenden wir diese Sätze so häufig? Doch nur deshalb, weil sie uns schon als Kind ständig eingetrichtert wurden, wie auch die folgenden:

- Laß das, das kannst du nicht!
- Du wirst es sicher fallen lassen!
- Laß die Finger weg, du verstehst nichts davon!
- Du bist ein Nichtsnutz und Taugenichts!
- Du wirst es nie zu etwas bringen!

Oftmals haben wir es trotz dieser »Verwünschungen« doch versucht, und prompt ist es uns auch mißlungen. Ab und zu haben wir uns dann sogar noch eine Ohrfeige eingefangen, verbunden mit der Warnung: »Versuch das ja nicht noch mal!«

Was glauben Sie wohl, welche Spuren dies alles im Unterbewußtsein hinterläßt. Gegen solche Altlasten in uns müssen wir ständig dadurch angehen, daß wir diese oft jahrzehntealten Negativprogrammierungen mit positiven Gegenbehauptungen überspielen:

- Ich bin ein gewaltiger Erfolg!
- Alles was ich anfasse, gelingt mir leicht und mühelos!
- Ich bin voll Energie und Ausdauer!

- Ich schaffe stets alles, was ich mir vornehme!
- Ich bin immer gesund und vital!
- Ich bin voll Selbstvertrauen!

Der mächtige Kobold »Angst«

Wir wissen, daß frühere, einschneidende Erlebnisse unser Unterbewußtsein beeinflussen. Wie mächtig diese sind, werden wir erst dann feststellen, wenn wir mit einer Gegenbejahung beginnen. Dann werden wir erkennen, wie lange und wie intensiv wir arbeiten müssen, um diesen zähen Kobold Angst aus unserem Denken zu vertreiben. Dieser erkennt nämlich ganz genau, daß es ihm an den Kragen gehen soll, und deshalb kämpft er kräftig dagegen an. Dies kann man ihm auch nicht verdenken, denn jahrzehntelang wurde er – von niemandem behelligt – dick und fett in seinem Versteck, bevor Sie ihn nun mit Bejahungen in seiner Idylle zu stören beginnen.

Nehmen wir zur Verdeutlichung ein Beispiel aus meinem Leben zu Hilfe. Als ich zehn Jahre alt war, gab es zum Abendessen wieder einmal die von mir damals so gehaßten Röstkartoffeln. All meine Proteste bei meiner Mutter nützten nichts. Ich bekam lediglich zu hören: »Es schadet dir nichts, einmal Röstkartoffeln zu essen, und jeden Tag Fleisch ist sowieso ungesund.« So stopfte ich also mit Todesverachtung die Röstkartoffeln, wie mir geheißen war, in Form einer Miniportion in mich hinein, um sie eine Stunde später auf der Toilette wieder zurückzugeben.

Am nächsten Tag war ich sterbenskrank, schwach und weiß wie eine Wand, weil ich die halbe Nacht über der Schüssel hing und kaum geschlafen hatte. Ansonsten ging es mir prächtig, denn schließlich mußte ich in diesem Zustand nicht zur Schule gehen.

Meine Mutter führte das Ganze darauf zurück, daß ich einfach Bratfett in Verbindung mit Kartoffeln nicht vertragen würde, und von nun an bekam ich stets etwas anderes vorgesetzt, wenn meine Eltern Bratkartoffeln aßen. Hatten wir Besuch, und es wurde über das Thema Unverträglichkeiten gesprochen, erzählten meine Eltern oft dieses Beispiel.

So wuchs ich ohne eine weitere Bratkartoffelmahlzeit heran, und wenn ich bei Freunden oder im Restaurant war, vermied ich natürlich Gerichte mit einer derartigen Beilage sehr erfolgreich und erzählte meine inzwischen gut gelernte Geschichte von der Unverträglichkeit von Kartoffeln und Bratfett, die ich schon selbst glaubte.

Viele Jahre später, ich spielte damals Fußball in der A-Jugend der Stuttgarter Kickers, waren meine Mannschaftskameraden und ich zu einem Essen in unserem Vereinsheim in Degerloch von ein paar Sponsoren eingeladen. Es gab – natürlich – Röstkartoffeln, und ich aß widerwillig eine halbe Portion, weil ich niemanden vor den Kopf stoßen wollte, mit dem Resultat, daß die folgende Nacht auf dieselbe Art und Weise verlief wie die zuvor geschilderte. Daraufhin fühlte ich mich erst recht bestärkt in dem Glauben, Kartoffeln mit Bratfett nicht zu vertragen.

Vor etwa fünf Jahren wollte ich es dann ganz genau wissen, denn der Duft von frischem geschnetzelten Kalbfleisch hing in der Luft, nachdem ich im Anschluß an einen längeren Schneespaziergang eine Bauernwirtschaft im Zabergäu betrat. Wie dies häufig auf dem Lande üblich ist, gab es in diesem Restaurant keine Speisekarte, sondern nur ein einziges Tagesmenü. Sie ahnen sicher, was kommt.

Ich hatte nach diesem Marsch einen Bärenhunger, und als mir die Wirtin einen Teller mit Röstkartoffeln – braun, knusprig, mit Speck und Zwiebeln angebraten – sowie Kalbsgeschnetzeltem in Sahnesoße auftischte, schaute ich zwar etwas dumm aus der Wäsche, aber angesichts einer fehlenden Alternative und dem entsprechenden Hunger begann ich, froh, etwas in den Magen zu bekommen, mich gierig über die mir vorgesetzte Portion herzumachen. Es schmeckte mir ausgezeichnet, wurde von meinem Magen gut verdaut, und seit diesem Tag gehören Bratkartoffeln und Geschnetzeltes zu meinen Lieblingsspeisen.

Reisen zu den Traumstränden der Welt

Seien Sie kühn und selbstbewußt in Ihren Bejahungen und Visualisierungen, und vor allem, reden Sie so lange mit niemandem darüber, bis Sie Erfolge aufzuweisen haben, die Sie herzeigen können. Denn solange Sie das nicht können, wird ein jeder versuchen, Sie auf den Boden der sogenannten Tatsachen zurückholen zu wollen.

Um meinen Wünschen Nachdruck zu verleihen, habe ich ganz am Anfang meiner geistigen Arbeit aus verschiedenen Reiseprospekten von all den schönen Plätzen dieser Welt Hotels, Sehenswürdigkeiten, Palmenhaine, Südseeinseln und wunderschöne Strände ausgeschnitten. Ich war zwar erst ganz kurze Zeit aus meinem geschäftlichen Tief heraus und hatte noch einige Schulden abzuzahlen, aber ich arbeitete schon sehr gewissenhaft mit Affirmation und Imagination, denn mir war klargeworden, daß ich mich nur dadurch aus meiner momentanen Misere endgültig befreien würde. Damals wäre ich sehr froh gewesen, wenn ich das Geld für nur eine Woche Urlaub im Allgäu besessen hätte; aber das ließ ich nicht gelten und stellte mir statt dessen vor, wie schön es sei, an den Stränden Sri Lankas oder der Malediven entlangzugehen. Ich klebte all diese Fotos aus verschiedensten Reiseprospekten auf einen Karton und hängte diesen so in meinem Schlafzimmer auf, daß ich vor dem Einschlafen den letzten, und nach dem Aufwachen den ersten Blick darauf werfen mußte.

Bald kannte ich das Opernhaus im Hafen von Sydney besser als so mancher Australier, der dort lebte. Und als ich Jahre später wirklich davor stand, konnte ich, um ehrlich zu sein, ein paar Tränen des Glücks und der Freude nicht zurückhalten, und mir lief ein kleiner Schauer über den Rücken.

Inzwischen habe ich viele dieser Städte, Strände und Inseln bereits besucht, und ich habe noch eine Menge vor in dieser Richtung. Beispielsweise träume ich heute davon, von Mai bis September hier in Deutschland am Bodensee zu leben, und von Oktober bis April in Sydney, Australien. Ich kenne inzwischen das Appartement am Bodensee nicht nur visuell, sondern ich habe es gemeinsam mit meiner Frau schon erworben. Nun gilt es noch, daß Haus in Sydney zu materialisieren, und daran arbeite ich im Moment.

Ich bin heute schon darauf gespannt, wie sich dieser Traum eines Tages verwirklichen wird; dabei mache ich mir aber momentan überhaupt noch keine Gedanken darüber, ob es leicht oder schwer sein wird, eine »permanent residence« (ständige Aufenthaltserlaubnis) in Australien zu erhalten. Diese Frage überlasse ich ganz allein meinem Unterbewußtsein. Ich sehe den Endzustand, das heißt, ich sehe mich in meinem Haus in Sydney Silvester feiern, in Shorts und T-Shirt, bei vierzig Grad Wärme.

Informieren Sie sich also sehr genau über Ihre Ziele, lesen Sie alles darüber, was Sie finden können, und pflegen Sie

Ihre Wünsche und Sehnsüchte so lange, bis Sie schlußendlich wahr geworden sind, denn niemand außer Ihnen selbst kann diese Verwirklichung auf dem Bildschirm des Raumes – wie Dr. Murphy sich ausdrückte – hervorrufen oder verhindern.

Wenn Sie aber nach ein paar Monaten feststellen, daß Sie etwas an Ihren Zielen und Wünschen ändern sollten, dann tun Sie es bitte. Haben Sie sich beispielsweise zum Ziel gesetzt – wie es mir einmal ging –, nach Brasilien zu fliegen, bekommen aber nur noch einen Flug nach Thailand, dann akzeptieren Sie es, und vertrauen Sie darauf, daß auch diese Änderung einen Sinn hat. Ihr Unterbewußtsein weiß genau, was es zu tun hat, auch wenn Sie nicht immer sofort durchschauen, warum dies oder jenes gerade passiert.

Manchmal spüren Sie auch, daß etwas, was Sie vor Monaten noch für wichtig erachtet haben, Sie gar nicht mehr so stark bewegt. Versuchen Sie dann nicht, mit Gewalt dabei zu bleiben, sondern gehen Sie vielmehr in Ihren inneren Rückzugsraum, beraten Sie sich mit Ihren geistigen Ratgebern und bitten Sie diese um Aufklärung. Wenn Sie den beiden vertrauen und nicht ständig weitergrübeln, dann kommt auch die Antwort, und zwar auf eine dieser vielen Millionen Möglichkeiten, die das Unterbewußtsein benutzt. Das Leben ist ein ständiges Sich-Verändern und Sich-Verwandeln, und wenn man Vertrauen zum Leben und keine Angst davor hat, dann ist es wirklich etwas sehr Schönes, und man steht jeden Morgen gerne auf, um sich neuen Aufgaben zu stellen. Allein das Erlebnis morgens aufzustehen und sich vor nichts mehr fürchten zu müssen, egal, was auch an noch so Schwierigem oder Unangenehmem auf einen zukommt, das allein schon ist es wert, mit der geistigen Arbeit anzufangen. Sagen Sie ab heute »Ja« zu jedem neuen Tag; es lohnt sich!

100 kluge Sprüche

Als ich vor Jahren wieder einmal ein Seminar absolvierte, durfte jeder der Teilnehmer am letzten Tag aus einem Korb eine Karte mit einem ganz persönlichen »Leitspruch« ziehen. 100 solcher Karten lagen in einem Korb, der herumgereicht wurde. Die Seminarleiterin erklärte uns, daß es sich dabei um 100 verschiedene Sprüche handeln würde, von denen jeweils der richtige von unserem Unterbewußtsein gezogen werden würde. Wir sollten mit geschlossenen Augen eine Karte entnehmen und darauf vertrauen, daß diese die richtige für uns sei.

Es war fantastisch, wie die Sprichworte und die dazugehörigen Menschen einander fanden. Ich zog damals folgenden Spruch: »Man muß das Unmögliche versuchen, um das Mögliche zu erreichen!«

Genau zwei Monate später auf dem Folgeseminar zog ich – wohlbemerkt, wieder unter 100 verschiedenen Karten – denselben Spruch: »Man muß das Unmögliche versuchen, um das Mögliche zu erreichen!«

Da muß doch sogar der stärkste Fan des Wortes Zufall ins Grübeln kommen. Ich gebe zu, daß es zunächst ungewöhnlich klingt, daß es genauer betrachtet aber gar nicht so sonderbar ist. Mein Unterbewußtsein hatte mir angezeigt, daß ich diesen Spruch beachten solle, und nachdem ich nicht sofort reagierte, setzte es gleich noch eins drauf. Vor dem ersten Seminar zögerte ich noch, wenn sich mir eine neue Aufgabe stellte. Aber nach so einer zweimaligen, nachdrücklichen Aufforderung wußte ich intuitiv, daß ich alles ganz vertrauensvoll annehmen sollte, weil die neuen Aufgaben mich weiterbringen würden auf meinem Weg zum Ziel. Damals machte ich den großen Fehler, mit dem Bewußtsein entscheiden zu wollen, was mich weiterbringen würde und was nicht. Darum griff mein Unterbewußtsein nicht nur dadurch ein, indem es mich auf jene für mich so wichtigen Seminare schickte, sondern mich auch mittels dieser Spruchkarten eines Besseren belehrte.

Sprengen Sie Ihre Fesseln

Sie werden erstaunt sein, wie stur Ihr Unterbewußtsein sein kann, wenn Sie es einmal von etwas überzeugt haben. Genauso stur, wie es Sie ein Leben lang in Ihrer selbstgewählten Mittelmäßigkeit hielt, katapultiert es Sie dann auch wieder dort heraus. Wenn Sie sich entschließen, einen neuen, besseren Arbeitsplatz haben zu wollen, der Ihnen nicht nur mehr Freude bereitet, sondern auch darüber hinaus mehr Geld einbringt, und Sie diesen gewünschten Endzustand schon lebendig in Ihrer Phantasie über Wochen und Monate durchleben, dann könnten Sie die Erfüllung nur dadurch noch verhindern, indem Sie in Ihr altes Angst- und Zweifeldenken zurückfallen würden.

Ein Traum wird Wirklichkeit

Es ist wirklich wahr, Ihr Unterbewußtsein ist Ihr größter und verläßlichster Verbündeter in Ihrem Leben. Lassen Sie sich davon ebenso überzeugen wie der junge Mann, den ich vor Jahren in Kanada kennenlernte.

Er war jahrelang Bankkaufmann in Zürich gewesen, hatte aber immer schon den Traum, eines Tages in Kanada zu arbeiten und zu leben. Er wußte weder etwas vom konstruktiven Denken noch von geistigen Beratern, und doch handelte er instinktiv, um weiterzukommen auf dem Weg zu seinem großen Ziel. Sein Zimmer im elterlichen Haus in einem Vorort von Zürich glich einem Ahornblatt-Museum. Alles, was er über Kanada finden konnte – Fahnen, Bilder, Wimpel, Poster und so weiter –, prangte an den Wänden. Fünf Jahre später – er kannte inzwischen das ganze Land aus Büchern und Zeitungsberichten – begann eine sehr interessante Entwicklung, die ich Ihnen gerne etwas ausführlicher schildern möchte.

Als er eines Morgens auf dem Weg zur Arbeit war, sprach ihn an der Bushaltestelle ein Mann an und fragte ihn nach dem Weg zum Letzigrund-Stadion. Dieser Fremde sprach ein perfektes Hochdeutsch, und da unser Freund ein sehr höflicher Mensch war, bot er dem Mann an, ihn zu begleiten, da er auf dem Weg zur Arbeit sowieso an diesem Stadion vorbeifahren mußte. Als der Bus kam, stiegen beide ein, und es begann sich ein lebhaftes Gespräch über den FC Zürich und den Fußball im allgemeinen zu entwickeln. Am Stadion angekommen, verabschiedeten sich die beiden dann wieder voneinander, und der Tourist stieg aus.

Als der junge Mann drei Tage später ein chinesisches Restaurant in der City Zürichs besuchte, traute er seinen Augen nicht, als er denselben Mann, den er drei Tage zuvor beim Stadion abgesetzt hatte, einige Tische weiter in Begleitung einer Dame sitzen sah. Er grüßte freundlich von der Ferne und wollte sich gerade mit seiner Freundin an einen freien Tisch setzen, als der Fremde auf sie zukam und beide darum bat, doch bei ihm und seiner Frau am Tisch Platz zu nehmen. Man stellte sich gegenseitig vor und entschloß sich, zur Feier des Tages und des Wiedersehens gemeinsam einen Aperitif zu nehmen. Der bestellte Pflaumenwein schmeckte ausgezeichnet, allerdings blieb er dem jungen Schweizer fast im Halse stecken, als die

Gattin seines neuen Freundes sagte: »Wissen Sie, junger Mann, bei uns in Toronto trinkt man den Pflaumenwein sehr gerne heiß!«

Toronto, Ontario, Kanada – lief es dem jungen Schweizer wie mit einem Leuchtbuchstabenband durch den Kopf. Der Abend war mehr als gerettet, denn er und seine Freundin hatten nun ihr Lieblingsthema. Wie sich dann später herausstellte, waren die beiden Kanadier gebürtige Hannoveraner, die vor 25 Jahren nach Ontario auswanderten. Beide waren erstaunt darüber, wieviel die beiden Schweizer über Kanada wußten, und am Ende dieses schönen Abends war die Einladung nach Toronto nicht nur ausgesprochen, sondern auch postwendend angenommen worden. Auch der Reisetermin wurde festgelegt, und zwar auf den ersten September.

Als unser Freund Urs dann endlich zu Hause in seinem Bett lag, konnte er vor Aufregung kein Auge schließen. Flog er doch in vier Wochen nach Toronto und mußte lediglich den Flug für sich und seine Uta berappen. Für Kost und Logis war bestens gesorgt, wie ihm seine neuen Freunde glaubhaft versicherten.

Als sie einen Monat später nach etwa neunstündigem Flug in Toronto landeten, wurden sie natürlich schon erwartet. Im Laufe ihres Aufenthaltes besuchten sie nicht nur die Niagara-Fälle, sondern Urs konnte auch die Eishockeymannschaft der Toronto-Maple-Leaves im heimischen »Garden« gegen die Washington Capitals erleben. Beide genossen die herrliche Zeit, und zwei Tage vor ihrer Abreise wurde ihnen zu Ehren dann noch ein Barbecue gegeben, wie dies in Nordamerika üblich ist. Im Verlaufe dieses Festes bot dann ein Geschäftsmann, der ebenfalls eingeladen war, den beiden spontan an, daß sie in seiner Immobilienfirma in Toronto arbeiten könnten, was die zwei Eidgenossen sofort und ohne weiter nachzudenken annahmen.

116

Ein Jahr später waren alle Formalitäten erledigt, eine Wohnung gefunden, und Urs' Traum, in Kanada zu leben, war Wirklichkeit geworden.

Wenn das Unterbewußtsein einmal begonnen hat, zu arbeiten, dann ist es sehr schwierig, es aufhalten zu wollen. Deshalb seien Sie sehr vorsichtig in Ihren Aussagen, sie könnten sich nämlich erfüllen.

Viele bewegen sich nur deshalb am Existenzminimum, weil ihr ganzes Denken auf Verlust ausgerichtet ist. Nicht zuletzt ist dies auch ein Grund dafür, warum es einen so großen Unterschied zwischen unserem Lebensstandard und dem der Dritten Welt gibt. Die Menschen dort haben sich oft ihrem Schicksal ergeben und haben einfach akzeptiert, in Wellblech- oder Holzhütten zu leben. Wenn man dieses Programm aus dem Denken der dort lebenden Menschen entfernen könnte, wäre es sicher sehr bald möglich, auch diesen Ländern praktischer und sinnvoller helfen zu können.

Verrottete Wasserpumpen

Als ich in Bagio auf den Philippinen war, erzählte mir die Reiseleiterin, daß man vor Jahren einem Bergdorf in der Nähe der Stadt mehrere Wasserpumpen schenkte, um die Bewässerung der höher gelegenen Reisterrassen zu sichern. Nachdem die Fachleute aus Deutschland alles installiert und die philippinischen Kollegen instruiert hatten, wie man die Pumpen zu handhaben hat, begann auch schon das Drama. Die Bewässerung funktionierte knapp ein Jahr, dann stellten die Dorfbewohner fest, daß ein höherer Ernteertrag auch mit mehr Arbeitseinsatz verbunden war. Da sie aber lieber vor ihren Hütten saßen und plauderten, ließen sie die Pumpen verrotten und kümmerten sich nicht mehr um die Instandhaltung.

Diese Menschen haben kein Ziel und keine Perspektive, sie sind so an ihren Trott und ihre Armut seit Generationen gewöhnt, daß es sehr schwer ist, in diese Gleichgültigkeit einzudringen. Ein Mensch aber, der keine Wünsche mehr hat, hat praktisch aufgehört zu leben. Wünsche sind Motivationen, und diese wiederum sind die Triebfeder für alle neuen Erfindungen, Entdeckungen und Errungenschaften dieser Welt. Wir hier in Westeuropa haben deshalb eine so hohe Lebensqualität, weil wir uns ständig vorwärts bewegen, uns neuen Herausforderungen stellen, sie annehmen und uns mit ihnen auseinandersetzen. Es hat alles seine Ursache und seine Wirkung – jene beiden Pole also, von denen ich Ihnen eingangs schon sagte, daß sie hinter dem Wort »Zufall« stecken. Wenn wir diese Zusammenhänge nicht endlich begreifen, wie wollen wir dann uns und anderen Völkern in weniger wohlhabenden Ländern helfen?

Wir sollten gerade vor diesem Hintergrund schnellstens damit beginnen, und zwar jeder einzeln für sich, alle Möglichkeiten zu nutzen, die uns die Schöpfung sehr überlegt mit auf den Weg gegeben hat, denn wer die Welt verändern will, muß zunächst einmal bei sich selbst beginnen. Nehmen Sie sich ein Beispiel an all den Menschen, von denen in diesem Buch die Rede ist. Sie alle haben einen Entschluß gefaßt und so lange daran festgehalten, bis sie ihr ganz persönliches Ziel erreicht hatten. Mit Launenhaftigkeit und Labilität kommen Sie nicht sehr weit. Ich vergleiche die geistige Arbeit auch oft mit einer Diät, denn auch dabei muß man sehr konsequent sein, wenn man sein Ziel, Gewicht zu verlieren, erreichen will. Wie oft bin ich beispielsweise am späten Abend zum Kühlschrank gelaufen und habe die Tür erst auf- und dann wieder zugemacht, ohne »umzufallen«. Das Ergebnis meiner Disziplin mir selbst gegenüber konnte ich oft schon einen Tag danach auf der Waage ablesen, und im nachhinein war ich dann immer sehr stolz darauf, durchgehalten zu haben. Man muß sich schon sehr intensiv für das interessieren, was man erreichen will, damit man auch die kleinen Prüfungen besteht, die uns unser Unterbewußtsein auferlegt.

Merken Sie sich: Eine aufkommende Lustlosigkeit ist immer eine Rückfrage Ihres Unterbewußtseins, ob es das, was ihm aufgetragen wurde, weiterbearbeiten soll oder ob dieser Wunsch inzwischen nicht mehr so wichtig ist. Wenn Sie also dieser Lustlosigkeit nachgeben, nimmt Ihr Unterbewußtsein dies als Bestätigung dafür, die Arbeit einstellen zu können. Also: Bleiben Sie ständig am Ball, es lohnt sich, und auf den nächsten drei Seiten haben Sie nun wieder Gelegenheit dazu.

1. Arbeitsblatt

Name: _____ Datum: _____

Mein Ziel: _____

Warum möchte ich dieses Ziel unbedingt erreichen?

_____

_____

_____

_____

_____

_____

Was tue ich, um dieses Ziel auch sicher zu erreichen?

_____

_____

_____

_____

_____

_____

Wochenplan konsequent eingehalten: ____

»Ja, ich bin wirklich zum Erfolg geboren
– wie der Vogel zum Fliegen!«

2. Arbeitsblatt

Mein Wochenplan:

Monat: _____ Woche: _____ 199__

Tag	Affir-mation	Imagi-nation	Subli-minal	Endlos-band	Phantasie-reise	Spiegel-behandlg.	Son-stiges
Mo							
Di							
Mi							
Do							
Fr							
Sa							
So							

»Ich weiß: was einmal geht, das geht
immer wieder!«

3. Arbeitsblatt

Plananalyse: Was kann ich noch besser machen?

_____

_____

_____

_____

_____

_____

Notizen, Anregungen, Ideen

_____

_____

_____

_____

_____

_____

»Hör auf zu suchen, laß Dich finden!«

7. Kapitel

Im 7. Kapitel lesen Sie,

- warum Sie Risiken vermeiden sollten

- über ewige Gesetzmäßigkeiten des Lebens

- wie Moni und Karsten barfuß über glühende Kohlen gingen

- was Präzisionsarbeit ist

- warum Sie sich niemals die Flügel stutzen lassen dürfen

- was »Top« ist, und was ein »Flop« ist

- warum alle Probleme immer hausgemacht sind

- etwas über die Frage: Wo lassen Sie denken?

- warum Sie immer zur Quelle zurückkehren sollten

Bitte keine Risiken!

Sie sollten bei dem Versuch, die Gesetze des Geistes richtig zu erlernen, keine unnötigen Risiken eingehen wie beispielsweise jene junge Dame, die fürchterliche Bauchschmerzen hatte und sich weigerte, zu einem Arzt zu gehen. Sie stammelte unter Tränen und Schmerzen ständig vor sich hin: »Meine Schmerzen sind nicht echt. Ich bin völlig gesund.«

Etwas Dümmeres konnte sie nicht tun, denn hier mußte dringend ein Arzt her, den die Mutter des Mädchens dann auch holte, als es zu schlimm wurde. Irgendein Kollege, der ein Buch über positives Denken gelesen hatte, riet ihr dazu, sich selbst zu heilen. Also bitte – ganz ausdrücklich – keine Selbstversuche, wenn Sie krank sind und Schmerzen haben, denn die meisten sind noch lange nicht soweit, um auf diesem Gebiet Erfolge zu erzielen. Sie können beispielsweise beschließen, keine Grippe mehr zu bekommen. Wenn es funktioniert – schön! Wenn nicht, versuchen Sie es so lange, bis es funktioniert. Spielen Sie aber nicht den Helden, wenn Sie ernstlich krank sind.

Ihr Arzt wird sich freuen, wenn Sie ihm mitteilen, daß Sie den Heilungsprozeß durch geistige Arbeit unterstützen können. Zunächst aber kann er ganz sicher sein, daß die von ihm verordnete Medizin wirken wird, als Basis der

Behandlung sozusagen. Natürlich können Sie Ihr Unterbewußtsein um eine Antwort bitten, warum Sie ausgerechnet die Krankheit, mit der Sie sich gerade herumplagen, zu sich gezogen haben. Wenn Sie von Ihrem Unterbewußtsein die Antwort erhalten haben, dann können Sie sich in Zukunft ja so verhalten, daß Sie ähnliche Symptome nicht mehr bekommen. Aber spielen Sie bitte nicht den Selbstheiler vor dem Herrn, um dann, wenn es nicht gleich funktioniert, womöglich das konstruktive Denken pauschal zu verdammen. Beginnen Sie damit, sich Gedanken der Gesundheit, des Wohlstandes und des Erfolges zu machen; damit können Sie experimentieren, so lange Sie wollen, und werden bestimmt auch tolle Ergebnisse erzielen. Aber spielen Sie niemals mit dem Feuer.

Das Faultier

Ein Bekannter von mir, der von Natur aus stinkfaul war, verdiente sein Geld mehr schlecht als recht als Vermögensberater. Gegen elf Uhr vormittags stand er meist erst auf, saß dann den ganzen Tag über lustlos an seinem Schreibtisch, und abends machte er entweder Kundenbesuche oder hing, was allerdings öfter der Fall war, in seiner Stammkneipe herum. Er glaubte, mit dem konstruktiven Denken einen Dreh gefunden zu haben, um mit noch weniger Aufwand, als er ohnehin schon betrieb, Reichtümer erwerben zu können. Also arbeitete er noch weniger als zuvor und glaubte, wenn er sich jeden Tag lange genug ausmalen würde, wie er sechs Richtige im Lotto habe, dann bräuchte er nur noch den Schein auszufüllen und darauf zu warten, daß die Million zur Tür hereinspaziert käme. Es dauerte dann nicht mehr lange, bis er endgültig vor der Pleite stand. Als es so weit war, rief er mich ganz aufgedreht an und schimpfte auf alle, die mit positivem beziehungsweise konstruktivem Denken die Leute »verschaukeln« würden.

Natürlich müssen Sie etwas tun, bereit sein, Leistung zu bringen. Das Unterbewußtsein hat Zigmillionen Möglichkeiten, wie es Ihnen helfen kann. Es läßt sich nicht einen Lottogewinn, möglichst noch mit der dazugehörigen Gewinnquote, als Antwort vorschreiben. Das Unterbewußtsein läßt sich nicht manipulieren.

Wer glaubt, er könne sich auf die faule Haut legen und brauche nur darauf zu warten, bis es 100-Mark-Scheine regnet, der hat mit Sicherheit mit Zitronen gehandelt. Sicher, das Unterbewußtsein fordert Sie zu jeder Zeit und versucht, Sie weiterzubringen; aber meist müssen Sie Ihre Talente und Fähigkeiten dabei einsetzen, um ans Ziel Ihrer Wünsche zu gelangen. Konstruktives Denken als Unterstützung von Faulheit oder gar Betrügereien funktioniert vielleicht hier und da, aber irgendwann geht der Schuß auch wieder gewaltig nach hinten los. Sie sollten sich deshalb immer fragen: »Will ich das, was ich jetzt verursache, auch wirklich verstärkt als Wirkung zurückbekommen?« Wenn Sie diese Frage mit einem klaren »Ja« beantworten können, dann liegen Sie richtig.

Gesetzmäßigkeiten

Das Gesetz von Ursache und Wirkung ist ein uraltes Naturgesetz, ebenso wie die Gesetze der Chemie, Physik oder Mathematik. Ein Blatt Papier beispielsweise flattert, aus dem fünften Stock eines Hochhauses geworfen, ganz sanft zu Boden. Ein Pflasterstein dagegen plumpst schnell und unweigerlich auf demselben auf. Wenn Sie diesen Test auch 1000mal wiederholen und dabei bejahen, daß es umgekehrt sein möge, so werden Sie keinen Erfolg damit haben. Wir können die Gesetze der Natur nicht ändern, weder mit List noch mit Tücke, und auch nicht durch mathematische Formeln. Deshalb sollten Sie sich in einer ruhigen Minute auch einmal fragen: Welche gravierenden Situationen habe ich in meinem Leben schon durchgemacht? Versuchen Sie einmal dahinterzukommen, welche Ursachen diesen damaligen Wirkungen tatsächlich zugrunde lagen.

Vielleicht haben Sie als Kind einmal etwas gestohlen, und wenige Tage darauf kam es auf irgendeine Art und Weise, wie wir so schön sagen, »zufällig« ans Tageslicht. In diesem Fall sollten Sie versuchen, im Geiste zu der damaligen Situation zurückzukehren, um für sich selbst herauszufinden, wie und was Sie damals fühlten. Hatten Sie ein schlechtes Gewissen, oder waren Sie froh, daß die Sache endlich herauskam? In jedem Fall haben Sie damals selbst die Ursache für die spätere Wirkung gesetzt.

Die Notlandung

Alles ist möglich mit der Bejahung, die man übrigens auch oft als wissenschaftliches Gebet bezeichnet. Was mit dieser Form des Gebetes alles möglich ist, zeigt folgendes Beispiel, das Dr. Murphy einst erzählte: Eines Nachts träumte eine Frau von einem Flugzeug, das abgestürzt und brennend am Boden lag. Sie erkannte auch das Datum, den Ort und die Zeit des Absturzes, obwohl dies alles noch in der Zukunft lag. Da es bis zu diesem Geschehen nur noch wenige Stunden waren, rief sie ihre Nachbarn an, und nachdem sie ihnen ihren Traum ausführlich erzählt hatte, bat sie die beiden, sie zur vorausgesehenen Unfallstelle zu begleiten, um zu verhindern, was noch zu verhindern war.

Die drei gingen also zu dem von der jungen Dame im Traum gesehenen Schauplatz des Unglücks und begannen, dort angekommen, unmittelbar damit, auf folgende Weise wissenschaftlich zu beten: »Dieses Flugzeug, welches mir in meinem Traum erschien, ist aus dem unendlichen Geist Gottes hervorgegangen, deshalb ist es auch jetzt in seiner größten Not vom Lichtkreis Gottes umgeben und geschützt!«

Diese Bejahungen wiederholten die drei, tief in sich versunken, etwa 30 Minuten lang, und sie sahen dabei vor ihrem inneren Auge das Flugzeug von einem Lichtkreis des Schutzes umgeben. Plötzlich hörten sie das Geräusch der Motoren und blickten zum Himmel hinauf, wo sie die Maschine in geringer Höhe über dem Boden schweben sahen. Die Piloten bereiteten sich offensichtlich auf eine Notlandung vor, die sie dann – Gott sei Dank – auch erfolgreich durchführen konnten. Beide Männer verließen die Maschine wenige Minuten nach der Notlandung völlig unversehrt.

Die drei jungen Leute konnte zwar nicht verhindern, daß das Flugzeug Feuer fing, aber sie konnten das Leben der Flugzeugführer retten, und als sie die beiden Piloten dann sahen, stellten sie völlig perplex fest, daß einer von ihnen der Bruder jener Nachbarin war, die die junge Dame zur Unfallstelle begleitet hatte.

Die beiden Geretteten bestätigten später, daß sie im Moment der Notlandung völlig ruhig gewesen seien und überhaupt keine Angst hatten. Danach eingeleitete Recherchen der jungen Studentin ergaben folgendes: Der Bruder ihrer Nachbarin, der ein sehr gläubiger Christ war, bejahte jeden Tag, daß Gott auf all seinen Wegen an seiner Seite ist und ihn beschützt. Er, der Herr, so beanspruchte er weiter in seinem Geist, hebe ihn über alle Gefahren des Lebens hinweg. Dieses Schutzgebet sprach er seit Jahren jeden Tag in tiefem Glauben und Vertrauen, und dieses Gebet war es letztendlich, das den Traum in der jungen Studentin auslöste, die sich ihrerseits ebenfalls mit den geistigen Gesetzen befaßte. Deshalb erkannte diese auch haarscharf, daß dies alles ein präkognitiver (vorausschauender) Traum, ein Hilferuf – und absolut kein Alptraum – war. Sie, die junge Dame, wußte ihrerseits, daß nichts auf der Welt vorherbestimmt und daher auf der Stelle auch veränderbar ist. Deshalb machte sie sich auf, und intuitiv nahm sie dann auch noch die Schwester des sich in Gefahr befindenden Piloten mit, um mit ihr und ihrem Gatten zusammen die drohende Katastrophe zu verhindern. Es gibt keinen Zufall!

Wenn Sie dies jetzt lesen und sich noch nie mit vorausschauenden Träumen befaßt haben, dann stehen Sie dieser Schilderung vielleicht etwas skeptisch gegenüber. Aber Sie sollten auch wissen, daß es solche Begebenheiten zu Tausenden gibt. Belegbar und beweisbar! Es gibt Bewußtseinszustände, in denen uns Feuer nicht verbrennen und das tödlichste Gift nicht umbringen kann.

Feuerlauf

Meine Seminarleiterin, Frau Monika Junghanns, hatte gemeinsam mit ihrem Sohn Karsten vor Jahren an einem Wochenendkurs teilgenommen, an dessen Ende ein jeder Teilnehmer barfuß über ein ausgelegtes Band von rotglühenden Kohlen ging. Keiner der Teilnehmer holte sich auch nur eine einzige Blase, geschweige denn eine Verbrennung.

Das Ziel eines Silva-Mind-Grundkurses ist es beispielsweise, nach vier Tagen einen wildfremden Menschen, von dem man nur den Namen gehört hat, von Kopf bis Fuß nicht nur zu beschreiben, sondern auch dessen körperliche Probleme oder Gebrechen nahezu perfekt zu schildern. Einen solchen Silva-Mind-Kurs kann ich Ihnen sehr empfehlen. Über sieben Millionen Menschen auf der Welt haben ein solches Seminar schon absolviert und dabei ebenfalls die vorstehenden Erfahrungen gemacht. Ein Silva-Mind-Seminar kostet zwar rund 800 Mark (Preis aus dem Jahr 1992), dafür kann man dieses Seminar aber so oft man will und an jedem Ort der Welt kostenfrei wiederholen.

Wenn Sie einmal am eigenen Leib erfahren haben, welche beeindruckenden Fähigkeiten Sie bereits durch ein viertägiges Training entwickeln können, dann werden Sie bald nicht mehr mißtrauisch sein, wenn Sie eine Geschichte wie die mit dem Flugzeug oder dem Gang über glühende Kohlen hören. Sie verstehen dann auch besser, daß nichts vorherbestimmt ist, sondern alles nach dem Grundprinzip von Ursache und Wirkung funktioniert, und daß sich auch der Tag Ihres eigenen Todes ständig verschiebt und verändert, je nach dem, wie Sie selbst denken und glauben.

Schutzengel

Unser Unterbewußtsein ist von Haus aus dazu da, uns zu beschützen und zu unterstützen sowie dabei zu helfen, daß wir uns geistig ständig weiterentwickeln. Sie – diese innere Kraft – ist bei unserer Geburt im Plus, das heißt im positiven Bereich angesiedelt. Viele Erwachsene wundern sich, daß kleinen Kindern nicht mehr passiert, wenn diese beim Laufen, Rennen oder Spielen oft haarscharf an brenzligen Situationen vorbeischrammen. Man sagt beispielsweise auch im Volksmund, daß gerade ganz kleine Kinder einen besonderen Schutzengel hätten. Das Unterbewußtsein dieser Kinder ist nämlich völlig unbeeinflußt von Ängsten und Befürchtungen, denn diese bringen wir unseren Kindern erst später bei, wenn sie verstehen können, was wir mit dem Wort Angst eigentlich meinen.

Dazu folgendes Beispiel: Sie alle wissen, was ein Bankkonto ist. Ein solches Bankkonto bringt Zinsen; Soll-Zinsen, wenn wir rote Zahlen schreiben, und Haben-Zinsen, wenn wir schwarze Zahlen schreiben. Zinsen bringen wiederum Zinseszinsen, sowohl im Plus- als auch im Minusbereich. Nun wird also, um bei dem vorstehenden Beispiel mit dem Kind zu bleiben, der Mensch – und zwar jeder – mit einer Art imaginärem Startgeld auf der Haben-Seite geboren, das heißt, in dieses Leben geschickt. Es liegt jetzt an jedem selbst, entweder diesen Betrag zu verjubeln oder zu vermehren.

Nun werden Sie vielleicht einwenden, daß es auch viele Kinder gibt, die sich gerade damals in frühester Jugend sehr schwer verletzt haben. Diese Unglücksfälle sind meist auf die Angstgedanken der Eltern und auf das dazugehörige innere Angstbild, ihr Kind betreffend, zurückzuführen. Dies klingt zwar sehr hart, entspricht aber den Gesetzen von Ursache und Wirkung. Das Kind selbst entwickelt Ängste erst später, sein Unterbewußtsein ist anfangs noch rein wie ein frischgewaschenes Laken, und deshalb ist das Kind gar nicht in der Lage, Unglücksfälle von sich aus zu verursachen. Die Angst der Eltern und das innere Bild davon löst diese Unglücksfälle ungewollt aus. Bewußtsein und Unterbewußtsein sind Partner, und das Bewußtsein ist in dieser Verbindung der auslösende Teil, der sozusagen den Staffelstab der Verwirklichung an das Unterbewußtsein weitergibt. Das Unterbewußtsein selbst ist, wie wir inzwischen wissen, absolut unfähig, auszuwählen. Es kann immer nur das ausführen, was Sie mit Ihrem hoffentlich gesunden Menschenverstand erwogen, entschieden und schließlich auch beschlossen haben. Ob dies von Ihnen gewollt oder ungewollt geschieht, spielt dabei keine Rolle. Deshalb sind die beiden Faktoren »Freude« und »Angst« so eminent wichtig, weil sie dem Unterbewußtsein die Dringlichkeit und Wichtigkeit eines Wunsches signalisieren, ähnlich einer Skala. Daraus entnimmt das Unterbewußtsein dann, welche von diesen vielen Wünschen, die in Ihnen vorherrschen, die dringlichsten sind, und nimmt sich derer an. Aus diesem Grund werden Angstgedanken genauso schnell verwirklicht wie Gedanken, die mit Freude aufgeladen sind.

Präzisionsarbeit

Dieses Zusammenspiel funktioniert so exakt wie eine Schweizer Präzisionsuhr, eben weil es sich dabei um ein Naturgesetz handelt, mit dem wir uns entweder abfinden oder anfreunden können, was an der Funktion als solcher allerdings nichts ändern wird. Wenn wir nicht erkennen, was die Ursache einer erlebten Wirkung ist, dann hat dies mit unserer eigenen Ignoranz (Unwissenheit) und niemals mit dem Prinzip selbst zu tun. Manchmal passieren Dinge, die viele Jahre zuvor schon verursacht wurden; wenn Sie aber einmal angefangen haben, sich mit Ihrem Unterbewußtsein intensiv zu beschäftigen, dann wird der Nebel in Ihrem Bewußtsein mit der Zeit immer lichter, und Sie erkennen die Zusammenhänge oft intuitiv.

Lernen Sie das Fliegen

Sie alle haben das Recht, Ihr Leben zu leben, und nur Sie allein wählen aus, ob es glücklich oder unglücklich verläuft. So einfach ist das. Der Satz: »Ich bin zum Erfolg geboren wie der Vogel zum Fliegen« ist völlig zutreffend, und zwar sowohl in seiner symbolischen als auch in seiner wirklichen Bedeutung. Wenn Sie einem Vogelpärchen die Flügel beschneiden würden, dann könnten die beiden zwar nicht mehr fliegen, aber trotzdem noch Nachwuchs bekommen. Die Jungen der beiden würden aber irgendwann einmal anfangen wollen zu fliegen, rein instinktiv. Wenn Sie nun diesen Jungvögeln und den nächsten fünf oder sechs Generationen danach ebenfalls sehr früh die Flügel stutzen, dann würde der Instinkt dieser Tiere im Lauf der Zeit etwas verkümmern, und sie würden sich mehr und mehr nur noch zu Fuß bewegen. Sobald Sie aber wieder damit aufhören und den nächsten Generationen ihre Flugeigenschaften belassen, würde dieser Urinstinkt wieder aufleben, und die Vögel würden wie selbstverständlich fliegen wollen. Vielleicht nicht gleich, aber dieser Instinkt würde wieder zurückkehren, weil es ein Urinstinkt ist und immer ein Teil der Schöpfung bleibt.

Akzeptieren Sie deshalb auch nicht, daß man Ihnen selbst weiterhin die Flügel stutzt, und üben Sie sich darin, geistig zu fliegen, zu Ihren Zielen, Träumen und Wünschen, hinauf zu den höchsten Höhen der Berge, der Sonne entgegen; denn dies entspricht Ihrem natürlichen Urinstinkt, der Ihnen bei Ihrer Geburt sozusagen als Sonderausstattung mitgegeben wurde.

Ich kann Ihnen nur dringend raten, das Gelesene selbst auszuprobieren, denn eigene Erkenntnisse sind viel beeindruckender und schwerwiegender als 100 gelesene Bücher oder die Erfahrungen des Massenbewußtseins, das überwiegend von Unsicherheit und Furcht geprägt ist und das die eben geschilderten Zusammenhänge nur deshalb ablehnt, weil sie nicht in sein eingeengtes Bewußtsein hineinpassen.

Top oder Flop?

Eine Frau übernahm einmal eine Boutique, in der zuvor drei ihrer Vorgängerinnen innerhalb von nur eineinhalb Jahren gescheitert waren. Der allgemeine Tenor war damals der, daß Standort und Kundenstamm einfach nicht gut genug wären und die meisten Leute sowieso in die nahegelegene Kreisstadt fahren würden, um sich einzukleiden.

All dies war der neuen Pächterin sehr wohl bekannt, aber sie ließ sich nicht davon beeindrucken, sondern handelte unbeirrt nach dem Motto: »Jetzt erst recht!«

Jeden Morgen verwendete sie etwa 15 Minuten darauf, ruhig und bewußt zu bejahen: »Ich akzeptiere, daß jetzt nur noch die Menschen zu mir kommen, die das auch wirklich haben wollen, was ich anzubieten habe. Dadurch sind diese Menschen gesegnet und ich bin gesegnet. So ist es und so wird es immer sein.«

Innerhalb weniger Wochen etablierte sie sich dann auch mit ihrer Boutique, und ein Jahr später kaufte sie sogar noch eine neben dem Laden liegende Wohnung dazu und erweiterte so ihr Geschäft, das inzwischen prächtig florierte.

Sie kümmerte sich überhaupt nicht um das Gerede der Leute und die Negativerfahrungen ihrer Vorgängerinnen, sondern sie setzte voll und ganz auf die Kraft ihres Unterbewußtseins. Ich lernte diese kluge Frau im Jahr 1988 auf dem Tennisplatz kennen und fragte, von wem sie diese Vorgehensweise gelernt hatte. Als sie mir antwortete, konnte ich mir ein Schmunzeln nicht verkneifen. Sie sagte: »Als ich noch verheiratet war, las mein Mann einmal ein Buch von Catherine Ponder mit dem Titel ›Bete und werde reich‹ (Peter Erd Verlag, München). Als er dann mit Sack und Pack ausgezogen war, entdeckte ich dieses Buch zusammen mit ein paar alten Geschäftsunterlagen in meinem Schlafzimmerschrank, wo er es offensichtlich vergessen hatte. Dieses Buch kam damals genau zum richtigen Zeitpunkt, denn ich mußte dringend Geld verdienen, und zurück in meinen alten Beruf als Sekretärin wollte ich nicht mehr. Mir leuchtete sehr schnell ein, daß die Gesetze des Geistes für jedermann anwendbar sind, und so begann ich damit, mich als erfolgreiche Geschäftsfrau zu sehen. Nachdem ich hörte, daß diese Boutique frei werden würde, entschied ich mich spontan, etwas daraus zu machen und meine Chance zu nutzen. Es war mir egal, was die Leute dachten, und ich übergab meinem Unterbewußtsein ganz vertrauensvoll die Aufgabe, aus diesem Laden nun eine Goldgrube zu machen. Seitdem hatte ich nie mehr Angst, zu versagen, denn ich wußte ja um den ›Trick‹, dies zu vermeiden.«

Diese Frau setzte also ganz unbekümmert das Gelesene um, ohne nach dem Wie und Warum zu fragen, weil sie dazu einfach keine Zeit hatte. Sie mußte nämlich zwei Kinder ernähren und eine Wohnung bezahlen.

Sie sollten ihrem Beispiel folgen, gerade dann, wenn Sie in einer Notsituation sind. Einfach damit beginnen – je schneller, desto besser, und vor allem nicht nach dem Pferdefuß suchen, es gibt nämlich keinen. Genau das aber tun die meisten Menschen als erstes, wenn sie vom Konstruktiven Denken hören.

Probleme sind immer hausgemacht

Viele Menschen schieben ihre selbstgemachten Probleme immer wieder auf ihre Eltern und ihre Erziehung. Damit glauben sie meist, eine plausible Ausrede gefunden zu haben, mit der sie recht gut leben können. Sie kommen gar nicht auf die Idee, etwas zu verändern, ganz nach dem Motto: »Es geschieht meinen Eltern gerade recht, daß ich friere, hätten sie mir rechtzeitig Handschuhe gekauft!«

Vor einem amerikanischen Gericht – so erzählte Dr. Murphy einmal – wurde gegen einen mehrfach vorbestraften Dieb verhandelt. Dessen Anwalt plädierte dafür, daß man dem Angeklagten seine Tat nachsehen müsse, schließlich sei er in zerrütteten Verhältnissen, bei einem Alkoholiker als Vater und einer Prostituierten als Mutter, aufgewachsen. Die Richter dagegen wiesen diese Argumentation zurück mit der Bemerkung, daß der Bruder des Angeklagten einer der besten Anwälte des Landes sei, obwohl er in denselben Verhältnissen aufgewachsen ist.

Auch wenn Ihre Eltern Sie sozusagen »falsch programmiert« ins »feindliche« Leben hinausgeschickt haben, so haben Sie doch in jeder Sekunde Ihres Lebens die Möglichkeit, diese Programmierung sofort und sehr nachhaltig zu verändern, und es gibt niemanden, der sie daran hindern kann. Übernehmen Sie die Verantwortung für sich und Ihr Leben, und hören Sie mit der Vogel-Strauß-Politik endgültig auf. Begreifen Sie, daß alle Erfahrungen – auch die noch so negativer Natur – nur von Ihnen selbst einmal gezeugt worden sind, und daß Sie immer nur das erhalten, was Sie selbst irgendwann verursacht haben. Ziehen Sie daraus Ihre Konsequenzen und beenden Sie den Spuk ein für allemal, indem Sie dieser bereits eingetretenen Wirkung eine neue Ursache, nämlich das geistige Bild, das Sie von Ihrer Zukunft erwarten, entgegensetzen.

Schieben auch Sie niemals die Verantwortung auf andere, wenn in Ihrem Leben etwas in Unordnung gekommen ist. Merken Sie sich: Sie, und nur Sie allein sind dafür verantwortlich, heute, morgen und in der Zukunft.

C. G. Jung nannte die Kraft der Gedanken auch das kollektive Unbewußte, also einen Zusammenschluß der Energien aller Menschen in einer Art »Sammelbecken«, aus dem sich jeder einzelne zu jeder Zeit bedienen kann. Dort lagern all die Erfahrungen, die Menschen auf dieser Welt je gemacht haben, präsent und jederzeit abrufbar, zum Wohl und Nutzen des einzelnen, der den Schlüssel dazu in den Händen hält. Diesen Schlüssel muß man sich aber erwerben, indem man die Kenntnisse der Funktionen der Gesetze des Geistes erwirbt, studiert und vor allem auch anwendet. *Das Wichtigste dabei ist das »Tun«;* darüber zu reden und kluge Sprüche zu verbreiten, ist absolut wirkungslos. Wir erschaffen uns unseren eigenen Himmel oder unsere eigene Hölle tagtäglich aufs Neue. Nichts im Leben ist vorherbestimmt, und wenn Sie sich nicht ständig auf dem richtigen Pfad bewegen, dann unterliegen Sie früher oder später wieder dem Massenbewußtsein, das an Zufälle, Glück, Pech, Karma und all diesen Blödsinn glaubt und das aus Unkenntnis und Ignoranz im Umgang mit den geistigen Gesetzen resultiert. Menschen glauben an Geld, Macht, Gold und Aktien, aber eine Naturkatastrophe kann all diese anscheinend so wichtigen Werte mit einem Schlag zunichte machen. Wenn die Ölquelle, Diamanten- oder Goldmine versiegt oder wenn der Erbonkel fünf Minuten vor Schluß noch sein Testament ändert, dann geht doch die Welt nicht unter. Es ist vielleicht ein Versorgungskanal ausgefallen. Wenn Sie sich aber auf Ihre inneren Kräfte besinnen, dann können Sie Millionen andere, neue Kanäle aktivieren.

Deshalb schauen Sie niemals auf die Kanäle Ihrer Versorgung, sondern stets nur auf die Quelle, aus der alles hervorgeht. Wenn man einen Seitenarm des Rheins trokkenlegt, ist dadurch doch nicht die Quelle versiegt, oder? Ein wissenschaftlicher Denker verleiht niemals vergänglichen oder materiellen Dingen Macht oder Kraft, sondern er sieht stets auf die Quelle, der er ja selbst einmal entstieg, und die seine Versorgung immer und ewig garantiert. In der Bibel lesen wir sinngemäß: »Er ist uns näher als unsere Arme und Hände oder Füße.« Was könnte dies wohl anderes bedeuten?

Ihr Denken und Fühlen sind die Werkzeuge, die Ihre Zukunft formen. Gestern, heute, morgen und in alle Ewigkeit. Wenn Sie das einmal erkannt haben, dann verändern Sie einfach Ihre Einstellung gegenüber dem Leben und beginnen Sie, wissenschaftlich und konstruktiv zu denken.

Nehmen Sie einmal an, bei Ihrem Fernsehgerät wäre das ZDF auf Kanal fünf programmiert. Ihr Apparat geht eines Tages kaputt, und Sie kaufen sich bei Ihrem Händler einen neuen Fernseher. Bei diesem Gerät programmiert der Fernsehtechniker das ZDF aber auf Kanal zwei. Was glauben Sie, wie oft Sie noch auf die Fünf drücken, bis Sie sich endlich an den neuen Kanal gewöhnt haben! So ist es auch mit Ihrem Denken und Glauben.

Fehler sind aber auch die Würze und die Triebkraft, um Sie in Ihrer Persönlichkeit weiterzubringen. Irgendwann, nach einigen Monaten, haben Sie sich – um bei diesem Beispiel zu bleiben – daran gewöhnt, daß das ZDF auf Kanal zwei gespeichert ist, und wenn man Sie nach weiteren drei Jahren fragt, auf welchem Kanal Sie einst das ZDF programmiert hatten, wissen Sie es vielleicht schon gar nicht mehr.

Stellen Sie jetzt Ihren eigenen Kanal auf Glück und Erfolg ein und nutzen Sie dazu die folgenden Seiten.

1. Arbeitsblatt

Name: _____ Datum: _____

Mein Ziel: _____

Warum möchte ich dieses Ziel unbedingt erreichen?

_____

_____

_____

_____

_____

_____

Was tue ich, um dieses Ziel auch sicher zu erreichen?

_____

_____

_____

_____

_____

Wochenplan konsequent eingehalten: _____

»Ja, ich bin wirklich zum Erfolg geboren
– wie der Vogel zum Fliegen!«

2. Arbeitsblatt

Mein Wochenplan:

Monat: _____ Woche: _____ 199__

Tag	Affir-mation	Imagi-nation	Subli-minal	Endlos-band	Phantasie-reise	Spiegel-behandlg.	Son-stiges
Mo							
Di							
Mi							
Do							
Fr							
Sa							
So							

»Ich weiß: was einmal geht, das geht
immer wieder!«

3. Arbeitsblatt

Plananalyse: Was kann ich noch besser machen?

_____

_____

_____

_____

_____

_____

Notizen, Anregungen, Ideen

_____

_____

_____

_____

_____

_____

»Hör auf zu suchen, laß Dich finden!«

8. Kapitel

Im 8. Kapitel lesen Sie,

- was in Acapulco mit Trudy geschah

- warum der Urlaub in Ulm statt im Allgäu stattfand

- welche Träume ich mit 17 Jahren hatte

- warum Sie niemanden als »Zufall« titulieren sollten

- von einer überzeugten Atheistin

- warum Sie magnetische Eigenschaften haben

Acapulco

Vielleicht kennen auch Sie Menschen, die kaum einmal ihren Urlaub außerhalb der eigenen vier Wände verbringen, und wenn sie es doch einmal tun, geht partout alles schief.

Eine Bekannte von mir aus Toronto in Canada arbeitete im wahrsten Sinne des Wortes Tag und Nacht. Morgens um fünf Uhr stand sie auf, ging gegen sechs Uhr zur Morgengymnastik, von 7 bis 16 Uhr arbeitete sie in der ersten, und von 16.30 Uhr bis 21.00 Uhr in der zweiten Firma. Wenn sie einmal Urlaub hatte, verschlief sie diesen meist zu Hause. Außer ihrer Heimatstadt Toronto kannte sie nichts auf der Welt, und trotzdem war sie mit ihrem Leben ganz zufrieden. Sie hatte Pelze, Schmuck und andere schöne Dinge, die sie sich leisten konnte, und sie war rundherum glücklich.

Vor einigen Jahren allerdings ließ sie sich von ein paar Freunden einreden, daß es so nicht weitergehen könne und sie doch endlich einmal aus der Stadt heraus müsse, vorzugsweise ans Meer und in die Sonne. Also ließ sie sich dazu überreden, eine Woche Urlaub in Acapulco, Mexiko, zu buchen, was sie besser unterlassen hätte.

Als sie in Acapulco ankam, war dort gerade Haialarm in der Bucht, und deshalb durfte niemand im Meer schwimmen. Nachdem sich die Haie zwei Tage später dann zurückgezogen hatten und das Badeverbot aufgehoben wurde, hütete sie gerade das Bett, denn »Montezumas Rache« hatte sie in vollem Ausmaß erwischt.

Als sie nach zwei weiteren Tagen ihre Darmprobleme soweit wieder im Griff hatte und frühmorgens aufstand, um endlich Strand und Meer genießen zu können, fiel, als sie sich gerade am Fenster reckte und streckte, direkt vor ihren Augen im zwölften Stock ein Mann an ihr vorbei in die Tiefe, der sich aus dem Zimmer über ihr in den Tod gestürzt hatte.

Nicht nur der Schock, sondern auch die mit dem Todessturz verbundenen Absperrungen durch die mexikanische Polizei auf dem Gelände des Hotels waren es, die ihr dann vollends den Urlaub verdarben, und so flog sie nach einer Woche – blasser und gestreßter, als sie angekommen war – nach Toronto zurück. Ihr Unterbewußtsein sorgte dafür, daß ihre Überzeugung, die sie von sich und ihrem Leben hatte, sich durchsetzte, und von dem Moment an war sie sich im klaren darüber, daß sie in Zukunft ihren Urlaub wieder zu Hause »verschlafen« werden würde.

Sie ließ sich gegen ihre Überzeugung zu etwas überreden, das sie eigentlich gar nicht wollte, und prompt sorgte ihr Unterbewußtsein dafür, daß die Dinge wieder zurechtgerückt wurden.

Ulm statt Allgäu

Zwei frühere Nachbarn von mir, die ebenso eingestellt sind wie Trudy aus Toronto, fahren zwar offiziell jedes Jahr einmal in den Urlaub, aber spätestens nach einer Woche sind sie meist schon wieder zurück.

146

Einmal wollten sie für zwei Wochen ins Allgäu fahren, und als ihr Auto kurz hinter Ulm den Geist aufgab, buchten sie kurzentschlossen in der Nähe der Autowerkstatt ein Hotelzimmer für zwei bis drei Tage. Als der Wagen repariert war, kehrten sie wieder nach Hause zurück, denn nur für wenige Tage ins Allgäu zu fahren, würde sich nicht lohnen, meinten sie. Ein anderes Mal machte ihnen der Regen einen Strich durch die Rechnung, und so weiter.

Wenn Sie einmal in Urlaub fahren wollen, dann teilen Sie Ihrem Unterbewußtsein doch ganz einfach mit, daß Sie sich auf einen schönen und erholsamen Urlaub freuen und einen solchen auch erwarten, denn dadurch können Sie alte und vergangene Lustlosigkeiten und Fehlprogrammierungen sofort umpolen. Wenn Ihr Unterbewußtsein das Programm gespeichert hat: »Im Urlaub ist es nur zu Hause schön, alles andere bringt nichts«, dann sorgt es auch dafür, daß es so ist, denn es ist doch Ihre eigene Überzeugung, und die wird Ihnen von Ihrem Unterbewußtsein immer sehr treu widergespiegelt. Als ich mit meiner Bekannten in Toronto einmal darüber sprach, sagte sie mir, daß sie eigentlich an ihrer ursprünglichen Entscheidung, zu Hause zu bleiben, festhalten wollte und die Mexikoreise recht widerwillig gebucht hatte.

Lassen Sie sich also von niemandem zu etwas überreden, was Sie nicht wirklich wollen, denn der eine mag nun mal gerne Fisch, der andere lieber Fleisch. Es ist für uns alle an der Zeit, wieder respektieren zu lernen, daß jeder Mensch ein einzigartiges Individuum ist und daß viele eben gerne in den Ferien zu Hause bleiben wollen. Respektieren Sie die Meinung und die Einstellung des anderen, wenn Sie wollen, daß man auch dasselbe mit der Ihrigen tut. Wäre es nicht furchtbar, wenn wir alle ein- bis zweimal im Jahr über die Urlaubsorte dieser Welt herfallen würden?

Mit 17 hat man noch Träume

Als ich 17 Jahre alt war, lernte ich auf dem Cannstatter Wasen meine bis dahin größte Liebe kennen. Die Sache hatte nur einen kleinen Haken: Das Mädchen war bereits in festen Händen. Ich merkte aber sehr bald, daß ihr meine Bemühungen um sie sehr schmeichelten, und so verabredete sie sich ab und zu mit mir, vielleicht auch nur, um sich die kleinen Aufmerksamkeiten, die von mir kamen, etwas warm zu halten. Wie auch immer, ich war jedenfalls Feuer und Flamme, obwohl sie sich nach drei Monaten immer noch nicht von mir küssen ließ und sich all unsere Treffen zu meinem Leidwesen auf Spazierengehen oder Kaffeetrinken beschränkten. Ich war aber energisch entschlossen, sie zu meiner Freundin zu machen, und jeden Abend vor dem Schlafengehen stellte ich mir vor, wie schön es mit uns beiden sein könnte. Etwa zwei Wochen vor dem Jahreswechsel 1967/68 teilte mir meine damalige Flamme ganz überraschend mit, daß ihr Freund an diesem Silvesterabend keine Zeit für sie habe. Damals bin ich fast übergeschnappt vor Freude, und es wurde auch ein ganz wunderbarer und harmonischer Abend.

Irgendwann – meine Bemühungen und Tagträume ließen niemals nach – trennte sie sich schließlich von ihrem Freund, und in einem Moment, in dem ich am allerwenigsten damit rechnete, durfte ich sie zum ersten Mal richtig küssen. Ich hatte gewonnen und war an diesem Tag wohl der glücklichste Mensch auf der ganzen Welt. Damals hatte ich über Monate hinweg mein ganzes Gefühl investiert, die Glut immer wieder geschürt, und nach dreieinhalb Monaten war ich endlich erfolgreich, obwohl ihre beste Freundin noch wenige Wochen zuvor ihr funkelnagelneues Mofa dafür gewettet hätte, daß Inge sich niemals von ihrem Freund trennen würde.

Warum erzähle ich Ihnen das? Gehen Sie doch wieder einmal zurück in Ihre eigene Vergangenheit und denken Sie über solche oder ähnliche Geschichten nach. Rufen Sie sich damalige Situationen nochmals ins Gedächtnis und analysieren Sie die Investitionen, die notwendig waren, um ans Ziel zu kommen. Denken Sie einmal genau darüber nach, und Sie werden sicherlich viele solcher Beispiele finden, in denen Sie etwas unbeirrt wollten und es letztendlich auch bekommen haben. Damals nannten Sie diese Zusammenhänge »Zufälle«, heute wissen Sie, wie man sie unterbewußt steuert.

Deshalb entscheiden Sie sich für Ihre geistige Arbeit, für ein eisernes Durchhaltevermögen und Ihren persönlichen Erfolg, und Sie werden zu einem sehr qualifizierten Steuermann auf Ihrem Lebensschiff werden, der souverän allen Gefahren mit der notwendigen Gelassenheit begegnet und der allen Stürmen trotzt. Sie werden ganz sicher jeden, aber auch jeden Hafen, der Ihnen vorschwebt, anlaufen und dort, wo Ihre Träume, Wünsche und Sehnsüchte angesiedelt sind, mühelos vor Anker gehen können.

Ein Freund sagte einmal zu mir, nachdem er sich selbständig gemacht hatte und ein erfolgreicher Geschäftsmann geworden war: »Wenn ich vor einem Jahr auch nur daran gedacht hätte, aus meinem gutbezahlten Job auszusteigen und mich selbständig zu machen, dann hätte mich ein Schüttelfrost nach dem anderen gepackt. Und heute?!«

Er hatte nichts anderes getan, als sein Selbstvertrauen zu stärken und sich als erfolgreichen Menschen zu sehen. Er hat niemals aufgegeben, und heute sind wir uns beide darin einig, daß wir uns unser Leben gar nicht mehr anders vorstellen können. Immer mehr – so sagte er – spürte er das Wachsen des Selbstvertrauens und Selbstbewußtseins in sich, und eines Tages ging er ganz gelassen zu seinem Chef und legte diesem seine Kündigung auf den Tisch.

Heute hat er seine eigene Firma, gemeinsam mit einem gleichgesinnten Partner, der voll und ganz zu ihm paßt, und die Geschäfte laufen so leicht und mühelos, wie er sich das immer vorgestellt hatte. Nebenbei ist er vor drei Jahren auch noch Vater geworden, obwohl ihm die Ärzte mehrmals versicherten, daß er nicht »zeugungsfähig« sei. Für ihn hat ein neues Leben begonnen, und viele Freunde wollen von ihm wissen, wie er es geschafft hat. Deshalb hat er sich langfristig das Ziel gesetzt, selbst einmal Seminare zu geben, um auch anderen zu helfen, vorwärts zu kommen; doch auch hierzu sagte er erst kürzlich zu mir: »Ich habe Geduld, denn alles muß schließlich wachsen!«

Sie »Zufall« Sie

Beobachten Sie sich einmal im Gespräch oder in einer Diskussion. Wie oft hören Sie sich sagen: »... durch irgendeinen dummen Zufall!«, »... zufälligerweise«, »So ein Zufall...«

Wir benutzen diese Worte doch ständig, wenn wir etwas nicht erklären können. Deshalb hören Sie in diesen Gesprächen genau hin, denn meist können Sie schon als Anfänger Ursache und Wirkung erkennen. Versuchen Sie aber niemals, jemanden auf seine Denkfehler aufmerksam zu machen, denn die Menschen sind so sehr in dieses Wort »Zufall« verliebt, daß sie oft gereizt reagieren, wenn man daran kratzt.

Es sagte ein Freund zu mir: »Mensch Peter, an dich habe ich heute schon mehrmals gedacht, und ›zufällig‹ läufst du mir jetzt über den Weg!« Dieser Freund ist Mathematiker von Beruf und glaubt nur das, was er sieht und greifen kann. Deshalb ließ ich ihm auch den Glauben an den sogenannten »Zufall«, denn ich hätte in unserer Freundschaft sicher einiges kaputtgemacht, wenn ich versucht hätte, ihn aufzuklären. Es ist übrigens auch wichtig, solche Freunde zu haben, denn eines will ich bei dieser Gelegenheit einmal ganz klarstellen: Hüten Sie sich vor Hochmut, auch wenn Sie sich noch so kompetent wähnen, denn auch hier kommt er stets vor dem Fall.

Die Atheistin

Eine Freundin, die nach ihrer eigenen Aussage Atheistin war und die Bibel rigoros als großen »Schmarrn« bezeichnete, sagte zu mir: »O.k., beim nächsten Problem werde ich es mit dem sogenannten Höheren Selbst einmal versuchen.« Sie sagte dies eigentlich nur, um mir zu beweisen, daß es sich dabei mit Sicherheit nur um einen großen Blödsinn handeln kann.

Am Ende des nächsten Monats — sie war ständig in Geldschwierigkeiten — kehrte wieder einmal Ebbe in ihrem Portemonnaie ein, und sie tat aus Neugier genau das, was ich ihr einige Wochen zuvor riet, nämlich die Lösung zu bejahen und nicht weiter an das Problem zu denken. Am nächsten Tag klingelte das Telefon just in dem Moment, als sie gerade mit ihren geistigen Übungen am Ende war. Ein früherer Freund ihres Mannes rief an und eröffnete ihr, daß er soeben einen Scheck über 200 US-Dollar bekommen hätte. Der Scheck stammte von einem gemeinsamen Bekannten aus den USA, der acht Wochen zuvor bei ihnen zu Besuch war und der sich damit bei beiden Familien für die Gastfreundschaft bedanken wollte. Ob sie die Hälfte in D-Mark oder Dollar haben wolle, wurde sie von ihm gefragt.

Als sie mich anrief, war sie natürlich skeptisch und erklärte mir, daß es wohl nicht diese Bejahung gewesen sein kann, die die Reaktion hervorrief. Ich riet ihr, ohne etwas dagegen einzuwenden, das Experiment doch noch so lange weiterzuführen, bis sie bei einer anderen Gelegenheit begreifen würde, daß es wirklich keinen »Zufall« gibt.

Etwa zwei Wochen später gestand sie mir dann, daß sie langsam auch daran glauben würde, weil erstens der Freund aus Amerika sagte, als er wieder einmal anrief: »Ich hatte plötzlich das dringende Gefühl, mich bei euch bedanken zu wollen.« Und zweitens kam sie darauf, als sie darüber nachdachte, daß ihre Bejahung und sein dringendes Gefühl, sich bedanken zu müssen, fast auf den gleichen Tag gefallen sein mußten.

Etwa vier Wochen später erkrankte ihr Kind sehr schwer. Das Mädchen war eineinhalb Jahre alt und bekam plötzlich sehr hohes Fieber. Es war durch nichts zu beruhigen und schrie Tag und Nacht unentwegt. Am Abend des zweiten Tages war sie so fertig, daß sie das Kind völlig erschöpft ins Bett legte, um sich selbst auch ein wenig auszuruhen. Sie war nervlich am Ende und hatte fast 24 Stunden nicht geschlafen; da erinnerte sie sich an unser Gespräch über das konstruktive Denken und in diesem Zusammenhang an meine Aussage, daß der 23. Psalm der Bibel auch der große Psalm des Schutzes genannt wird. Sie sagte sich daraufhin in ihrer Verzweiflung: Wenn dies alles wirklich hilft, dann kann ich auch für mein Kind beten. Also sprach sie: »Der Herr ist dein Hirte, dir wird nichts mangeln...« Dabei sah sie mit ihrem inneren Auge ihr Kind fröhlich vor sich sitzend, gesund, geheilt und lachend. Sie erzählte weiter, daß sie diesen Psalm etwa 15 Minuten lang mit der Inbrunst einer Mutter, die ihr Kind von ganzem Herzen liebt, wiederholte. Plötzlich, sie war inzwischen in eine Art Halbschlaf gesunken, zuckte sie zusammen und registrierte, daß es im Haus ganz still geworden war. In panischer Angst stürzte sie ins Kinderzimmer – sie befürchtete das Schlimmste –, denn Ruhe gab es seit zwei Tagen nicht mehr.

Als sie ihre Kleine, friedlich am Schnuller ziehend, schlafen sah, begriff sie, was geholfen hatte und weinte vor Glück. Jetzt löste sich die ganze Spannung, denn sie fühlte unmißverständlich, daß ihre Bejahung, ihr Gebet geholfen hatte. Am nächsten Morgen gegen zehn Uhr, beide hatten fast 14 Stunden geschlafen, erwachte ihr Kind mit etwa zwei Grad weniger Temperatur, und von da an wurde die Kleine von Tag zu Tag gesünder. Später sagte diese Mutter zur mir: »Leider mußte sehr viel passieren, bis ich meine Borniertheit eingesehen habe, aber nun weiß ich um die Kraft in meinem Inneren, und ich bin von Herzen dankbar dafür!«

Zwei Monate später trafen wir uns in einer Buchhandlung in Stuttgart, als sie gerade dabei war, die Abteilung Lebenshilfe zu plündern. Sie erzählte, was sie in ihrem Leben alles verändert habe, und daß sie jeden Morgen und jeden Abend ihre Affirmationen und Imaginationen konsequent durchführen würde. Ihr Mann, der sich nach dem Erlebnis mit der Tochter ebenfalls entschloß, ein tägliches »Arbeitsprogramm« einzuschieben, war inzwischen die berufliche Leiter hinaufgefallen, und auch er ist inzwischen ein begeisterter Anhänger des konstruktiven Denkens geworden. Ich frage mich ernsthaft, warum erst derartige Notsituationen eintreten müssen, bevor der Mensch seine innere Kraft in sich entdeckt und wahrnimmt, aber manchmal will oder muß einen das Leben zuerst mit der Nase schmerzlich auf gewisse Dinge stoßen, damit man erkennt, welche immensen Kräfte einem tagtäglich zur Verfügung stehen und einem helfen wollen.

Sie sind magnetisch

Sie sind wie ein Magnet, der alles anzieht, was er braucht. Sie müssen nur die Spielregeln kennen und sie berücksichtigen. Was würden Sie beispielsweise von einem Jockey halten, der mehr Chancen darin sieht, ein Pferderennen zu gewinnen, indem er zu Fuß hinter dem Feld der Pferde herrennt? Sie würden ihn doch für verrückt erklären, oder? Wenn Sie heute aber Probleme mit Ihren Finanzen oder in privaten, geschäftlichen oder zwischenmenschlichen Beziehungen haben, dann tun Sie doch genau dasselbe wie dieser Jockey. Sie lassen das Pferd im Stall (Unterbewußtsein) und versuchen, das Rennen zu Fuß (Bewußtsein) zu gewinnen.

Nutzen Sie die Instrumente, die Ihnen zur Verfügung stehen. Für Sie sind sie da, wenn Sie ein glücklicheres und erfolgreicheres Leben in Frieden und Freiheit führen wollen. Wenn Sie auf diesen Instrumenten aber nicht spielen wollen, dürfen Sie sich auch nicht darüber beschweren, wenn Ihr Leben wie ein Schiff im Sturm ist, ohne Navigator, und damit ein Spielball für Wind und Wellen. Wenn Sie sich selbst einen Gefallen tun wollen, dann reden Sie nicht mehr über schlechte Zeiten, Krankheiten oder andere Menschen, die gerade nicht anwesend sind. Versuchen Sie, nur noch an Gesprächen teilzunehmen, die positiv sind. Natürlich sollte man in vielen Bereichen etwas tun, aber diese Stammtischgespräche darüber sind so wichtig und produktiv wie eine Sonnenuhr um Mitternacht. Hierbei wird oft nur stundenlang Banales geredet, mit dem Ergebnis, daß Sie sich mit Negativitäten und Ressentiments gegenüber Politikern oder anderen Zeitgenossen anfüllen, und zwar bis zum Stehkragen. Sie sollten auch stets darauf achten, mit welchen Gedanken Sie sich abends schlafen legen. Wenn Sie beispielsweise mit Gedanken des Ärgers über Ihren Chef einschlafen, dann gehen Sie eben mit diesem Chef ins Bett.

Sie wissen inzwischen, daß Ihr Unterbewußtsein in der Phase kurz vor dem Einschlafen und kurz nach dem Aufwachen am aufnahmebereitesten ist. Sie wissen auch, daß Ihr Unterbewußtsein alles verstärkt, was ihm eingegeben wird. Aus diesem Grund ist es wichtig, daß genau in diesen beiden Phasen keine negativen und destruktiven Gedanken einsickern, denn sie verwandeln sich sofort in den Samen, dessen Frucht Sie einige Wochen später ernten. Stellen Sie sich aber schöne, wunderbare Dinge vor und nehmen Sie diese mit hinüber in den Schlaf, dann können Sie in Ruhe der Zukunft entgegensehen.

Notieren Sie im folgenden nun wieder das, was Sie tun wollen, denn nur wer die Saat gewissenhaft auswählt, weiß genau, welche Früchte er einst ernten wird. Noch kein Mensch auf dieser Welt hat im Frühling Salat gesät und im Sommer Rüben geerntet. Denken Sie darüber doch noch einmal ganz kurz nach und stürzen Sie sich dann gleich auf die drei nun folgenden Arbeitsblätter.

1. Arbeitsblatt

Name: _____   Datum: _____

Mein Ziel: _____

Warum möchte ich dieses Ziel unbedingt erreichen?

_____

_____

_____

_____

_____

_____

Was tue ich, um dieses Ziel auch sicher zu erreichen?

_____

_____

_____

_____

_____

Wochenplan konsequent eingehalten: ____

>>Ja, ich bin wirklich zum Erfolg geboren
– wie der Vogel zum Fliegen!<<

2. Arbeitsblatt

Mein Wochenplan:

Monat: _____ Woche: _____ 199__

Tag	Affir-mation	Imagi-nation	Subli-minal	Endlos-band	Phantasie-reise	Spiegel-behandlg.	Son-stiges
Mo							
Di							
Mi							
Do							
Fr							
Sa							
So							

»Ich weiß: was einmal geht, das geht
immer wieder!«

3. Arbeitsblatt

Plananalyse: Was kann ich noch besser machen?

_____

_____

_____

_____

_____

_____

Notizen, Anregungen, Ideen

_____

_____

_____

_____

_____

_____

»Hör auf zu suchen, laß Dich finden!«

9. Kapitel

Im 9. Kapitel lesen Sie,

- warum Sie niemanden vergenußzwergeln dürfen

- was im Spielkasino geschah

- warum das Leben niemals unfair ist

- was eine Schlange in einem Krankenzimmer bewirkte

- was der FC Bayern-»Himmel« genau ist

- wie ein böser Schluckauf besiegt wurde

- über den großen Dr. Joseph Murphy

- über eine geheimnisvolle Insel

- über ein Dorf voller Methusalixe

- was eine Ich-bin-Automatik ist

- über eine große Verkaufskanone

Vergenußzwergeln Sie niemanden!

Wenn Ihnen dieses Buch gefällt, dann freuen Sie sich darüber und setzen Sie Ihrerseits das Gelesene auch ganz konsequent um; aber drängen Sie bitte niemand anderen dazu, dasselbe zu tun, weder Ihre Gattin/Ihren Gatten, noch Ihre Nachbarn oder Freunde. Sprechen Sie das Buch an, empfehlen Sie es möglicherweise, und warten Sie dann die Reaktion ab. Wenn Ihre Umwelt positiv reagiert, dann geben Sie Titel, Verlag und Preis bekannt, aber leihen Sie Ihr persönliches Exemplar niemals aus. Wer wirklich Interesse daran hat, der sollte es sich kaufen, denn ein jeder schätzt immer nur das, was ihm auch selbst gehört.
Wenn Ihre Freunde neutral oder vielleicht gar nicht reagieren, dann wechseln Sie einfach das Thema. Missionieren bringt absolut nichts, vielleicht bekommen Sie sogar zu hören, daß das konstruktive Denken nur Blödsinn und Menschenverdummung ist. Wenn Sie sich mit solchen Leuten auf eine Diskussion einlassen, dann kann es passieren, daß Sie danach selbst nicht mehr wissen, was wahr ist und was nicht. Lassen Sie jedem Menschen seinen Glauben und seine Überzeugung. Tun Sie das nicht, fügen Sie ihm oder auch sich selbst vielleicht Schlechtes zu, obwohl Sie ursprünglich Gutes tun wollten.
Beginnen Sie, sich mehr und mehr um sich selbst zu

kümmern und zunächst in Ihrer eigenen Welt, sprich in Ihrem Unterbewußtsein, Ordnung zu schaffen. Hier finden Sie sicher ein so großes Aufgabenfeld vor, daß Sie gar keine Zeit mehr haben, anderen zu ihrem vermeintlichen Glück verhelfen zu wollen. Denken Sie daran, Sie können immer nur für sich selbst über »gut« oder »schlecht« entscheiden, denn Sie und niemand anderes sind der einzige Denker in Ihrer Welt. Wählen Sie Ihren Weg und gehen Sie ihn unbeirrt und zielstrebig, wenn Sie ihn einmal für gut erklärt haben, und lassen Sie sich niemals von Außenstehenden beeinflussen. Denken Sie auch ständig daran: Das Massenbewußtsein irrt immer, weil es von Natur aus unwissend und ignorant ist.

Das Wort Beruf ist bekanntlich von dem Wort Berufung abgeleitet. Sie sollten deshalb auch mit der Fähigkeit Ihr Geld verdienen, zu der Sie sich berufen fühlen. Berufen kann man aber nur zu etwas sein, wozu man auch das nötige Talent hat, oder wovon man zumindest wesentlich mehr weiß als viele andere.

Haben Sie im Moment den Beruf, zu dem Sie sich berufen fühlen? Oder haben Sie nur einen Job, damit Sie von der Straße weg sind?

Nehmen Sie mir bitte diese letzte Aussage nicht übel, aber viele Menschen leben nun einmal nach dem Motto: »Mit Arbeit versaut man sich den ganzen Tag.« Ihre Arbeit sollte Ihnen aber Spaß machen! Wenn das bei Ihnen nicht der Fall ist, sollten Sie schnellstens dafür sorgen, daß sich etwas ändert. Sagen Sie sich abends vor dem Einschlafen regelmäßig und mit viel Gefühl: »Die unendliche Intelligenz in mir hat mich mit all meinen Fähigkeiten und Talenten geschaffen, damit ich sie auch erkenne und anzuwenden lerne. Diese innere Kraft enthüllt mir jetzt klar und deutlich, wo sich mein wahrer Platz im Leben befindet und wie ich meine Fähigkeiten und Talente zum

Wohle und Nutzen meiner Mitmenschen einsetzen kann.« Danach legen Sie sich mit der Gewißheit schlafen, daß die unendliche Intelligenz in Ihnen die Führung auf diesem Wege übernehmen wird. Vertrauen Sie ihr, denn sollte es auch einige Monate oder Jahre dauern, bis Sie Ihr Ziel erreichen, so ist Ihr persönlicher Einsatz – eben diese Suggestion täglich ruhig und vertrauensvoll zu sprechen – bestimmt nicht zu hoch.

Wenn Sie ein Haus bauen wollen, müssen Sie einen Stein auf den anderen legen, um eines Tages das oberste Geschoß zu erreichen. Wir alle müssen lernen, unserem Unterbewußtsein zu vertrauen, um unser Leben umfassend und bewußt leben zu können. Denkfaulheit und Ignoranz sind meist die beiden Faktoren, die uns daran hindern wollen. Wir müssen diese Negativitäten abstreifen, erst dann können wir feststellen, wie sich das Vertrauen verstärkt und gleichzeitig alle Zweifel vertreibt. Das alles kostet sehr viel Disziplin und Durchhaltevermögen. Für einige dauert es Wochen, für andere oft Monate, für wenige hingegen auch Jahre. Sind Sie durch diese »Wand« aber einmal hindurch, so haben Sie gewonnen.

Überlegen Sie einmal: Wenn Sie vielleicht 60 oder 70 Jahre lang dies alles nicht richtig handhaben, und jetzt beispielsweise fünf Monate dazu brauchen würden, um mit der richtigen Anwendung Erfolge zu erzielen, so würde diese Arbeit doch niemals umsonst gewesen sein. Darum ist es nie zu früh und selten zu spät, um mit der geistigen »Gehirnwäsche« zu beginnen. Gerade dann, wenn Sie vielleicht nicht unbedingt mehr zu den Teenies zu zählen sind, sollte Sie Ihre reiche Lebenserfahrung bei der Arbeit unterstützen können. Gedanken an Gesundheit, Harmonie, Glück und Liebe sind gerade für die ältere Generation außerordentlich wichtig, um die Gesundheit und das Wohlbefinden des Körpers zu erhalten.

Der Spieler

Ein Mann hatte 25 000 Mark im Spielkasino verloren. Er war davon überzeugt, daß dies kein Verlust, sondern nur eine vorübergehende Durststrecke war, und das Geld auf irgendeinem Weg wieder zu ihm zurückkommen würde. Er war auch ein Pferdenarr und verbrachte jede freie Minute auf der Rennbahn, wo er sich mit Jockeys, Pferden und Wetten beschäftigte. Von einem seiner Freunde bekam er eines Tages das Buch von Dr. Donald Curtis geschenkt: »Die magischen Kräfte Ihres Unterbewußtseins« (Peter Erd Verlag, München). Dieses Buch bestärkte ihn noch mehr in seinem Glauben, daß das Geld aus dem Kasino nicht endgültig verloren ist, und er begann damit, täglich mehrmals sehr konzentriert zu bejahen, daß die unendliche Intelligenz in ihm diese Summe auf einem ihr wohlbekannten Kanal zu ihm zurückbringen werde.

Eines Abends studierte er die Rennzeitung der kommenden Woche, und weil er sehr müde war, schlief er darüber ein. In dieser Nacht hatte er einen sehr lebhaften Traum. Er sah ein Pferderennen, sah deutlich den Sieger, der mit einer Quote von 20:1 ins Ziel kam, und er erkannte den Jockey, der auf dem Pferd saß ebenso wie die Farben des Besitzers, mit dem er persönlich bekannt war. Am darauffolgenden Wochenende setzte er, überzeugt davon, daß sein Traum kein Zufall sein konnte, 1500 Mark auf diesen Jockey und das dazugehörige Pferd. Beide waren zwar nach Ansicht von Experten lediglich Außenseiter, aber sie gingen genauso durchs Ziel, wie er es drei Tage zuvor schon in seinem Traum gesehen hatte. Sein Verlust war vergessen, im Gegenteil, es blieb ihm noch ein stattlicher Überschuß. Von diesem Tag an war er dann auch endgültig von den Aussagen meines Freundes Dr. Donald Curtis überzeugt, so wie schon viele andere vor ihm.

Ist das Leben unfair?

Eine Frau klagte unlängst bei mir darüber, daß das Leben sehr unfair zu ihr sei. Sie könne die Menschen, so fuhr sie fort, die einfach mit dem Leben Schluß machen würden, immer besser verstehen.

Der Hintergrund war folgender: Ihr Mann hatte sie verlassen, als sie im siebten Monat schwanger war, und das ausgerechnet mit einer ihrer besten Freundinnen. Seit dieser Zeit hegte sie einen leidenschaftlichen Haß gegen die beiden. Weil sie sich an ihrem Mann nicht rächen konnte, da es weit und breit keine Spur von ihm gab, übertrug sie ihre Haßgedanken ganz pauschal auf das männliche Geschlecht im allgemeinen. Deshalb zog sie ständig den gleichen Typ von Mann an sich, und sie wurde auch jedesmal aufs neue enttäuscht.

Da sie aber von den Männern nichts Gutes erwartete, konnte logischerweise auch keiner auf sie zukommen, der Gutes mit ihr im Sinn hatte. Ich fragte sie deshalb, was sie eigentlich vom Leben erwarte. Daraufhin sah sie mich an und sagte kurz und bündig: »Keinen Hallodri, der trinkt, spät nach Hause kommt, mich schlägt . . .« Ich unterbrach an dieser Stelle ihren Redeschwall und sagte ihr, daß ich nicht wissen wollte, was sie nicht will, sondern das, was sie von ihrem Leben erwarte.

Auf diese Art und Weise mußte ich sie noch zweimal unterbrechen, bis sie begriff, was ich meinte. Sie sah mich an und sagte: »Ich habe wahrscheinlich jedes Mal den gleichen Mann zu mir gezogen, nur in jeweils anderen Verpackungen, stimmt's?« – »Ja«, antwortete ich und erklärte ihr, daß sie sich zuerst ein inneres Bild von der Beziehung, die sie sich wünsche, machen müsse, und sie dadurch mit der Zeit den Haß auf ihren Verflossenen und die Männer im allgemeinen loslassen könne.

Wenn man sich, so fuhr ich fort, im Geiste ständig mit einem harmonischen Bild beschäftigt und es in seiner Imagination durchlebt, dann können Haßgefühle nicht mehr so oft aufkommen, und sie werden im Laufe der Zeit ganz verschwinden. Ich versprach ihr, daß der Tag kommen würde, an dem sie es als ganz natürlich empfinden wird, ihrem Mann innerlich zu vergeben.

Ein halbes Jahr später rief sie mich nachts gegen ein Uhr an; sie war richtig aufgeregt und fragte nicht einmal nach, ob sie um diese Zeit eventuell stören könnte. Im Gegenteil, sie sprudelte los, erzählte mir, daß ihr Mann, der sie seinerzeit verlassen hatte, aus Caracas, Venezuela, angerufen habe, um nachzufragen, wie es ihr und dem Kind in den letzten sechs Jahren ergangen sei. Er gestand ihr auch, daß er schon lange ein schlechtes Gewissen hätte, sich aber erst jetzt getraut habe, anzurufen, weil er seit kurzem fühlen würde, daß er jetzt ein Versöhnungsgespräch wagen könne.

Sie telefonierten fast eine Stunde miteinander, und er kündigte ihr dabei auch einen Goodwill-Scheck über 20 000 Mark an, den er in den nächsten Tagen an sie abschicken werde. Sie fragte mich, ob dies wirklich alles mit ihrer geistigen Arbeit zusammenhinge, und ob sie seinem Wunsch zustimmen solle, sie und das Kind einmal wiedersehen zu können. Die Frau, wegen der er sie einst verließ, hätte ihn bereits nach einem halben Jahr verlassen, und nur seinem fehlenden Mut hätte er es zuzuschreiben, daß er nicht sofort nach Deutschland zurückgekehrt sei, um mit ihr zu reden.

Ich erklärte ihr daraufhin, daß es nur ihre eigene Unversöhnlichkeit war, die dafür verantwortlich ist, daß dieser Anruf so lange auf sich warten ließ. Ich fragte sie, was sie denn jetzt empfinden würde, und sie gab zu, daß sie nicht so recht wisse, was sie sagen solle. Weil ich spürte, daß diese Liebe eine neue Chance suchte, riet ich ihr, sie solle ihren Mann doch einfach herkommen lassen, alles andere würde sich schon von selbst ergeben.

Kurze Zeit später holte sie gemeinsam mit ihrer sechsjährigen Tochter ihren Mann vom Frankfurter Flughafen ab. Er wollte für zwei Wochen bleiben, und das tat er auch. Allerdings flog er nicht alleine nach Venezuela zurück, sondern mit seiner alten, neuen Familie.

Seither habe ich nur eine Postkarte von ihnen erhalten; aber daraus konnte ich entnehmen, daß die alte Liebe neu entflammt ist und sie künftig gemeinsam als glückliche Familie leben wollen.

Denken Sie daran, jeder Mensch kann sich einmal irren oder einen Fehler machen, aber wenn er diesen Fehler einsieht und umkehrt, dann sollte man ihm die Chance geben, diesen wieder gutzumachen. Haßgedanken sind dazu bestimmt nicht geeignet, und vor allem blockieren Sie sich selbst am meisten damit.

Sie werden, wie bereits ausgeführt, genau die Zukunft erleben, die Sie gedanklich erwarten, und nicht die, die Sie wollen. Überhaupt sollten Sie das, was Sie erwarten, sich geistig beständig ausmalen, statt mit dem Kopf und mit Gewalt durch die Wand zu wollen. Je mehr Sie mit dem Bewußtsein Druck machen, um so mehr flutscht Ihnen Ihr Vorhaben davon wie ein nasses Stück Seife in der Badewanne. Ich kenne Menschen, die jahrelang mit ihrem Willen etwas erreichen wollten, und erst als sie – meist aus Verzweiflung – das verbissene Wollen losließen, kam auf einmal die Erfüllung aus einer Richtung und zu einem Zeitpunkt, an dem sie am allerwenigsten damit rechneten. In der Bibel heißt es: »Meine Wege sind nicht Eure Wege. Und so wie der Himmel höher ist als die Erde, so sind meine Wege höher als Eure Wege.« (Jesaja 55,8) Diesen Bibelspruch sollten Sie sich ganz genau einprägen, ja ich empfehle Ihnen sogar, ihn am Spiegel Ihres Badezimmers gut sichtbar anzubringen.

Die Schlange

Da das mentale Training auch im Leistungssport eine immer größere Rolle spielt, möchte ich an dieser Stelle nochmals kurz darauf eingehen. Beim mentalen Training wird mittels innerem Bild eine Technik oder ein Bewegungsablauf durchgespielt. Beobachten Sie einmal einen Slalomfahrer, wie er vor dem Start mit geschlossenen Augen die Piste im Geiste abfährt, um dann später den Bewegungsablauf so optimal wie möglich umsetzen zu können. Trainer und Betreuer haben schon seit vielen Jahren erkannt, daß eine sinnvolle mentale Vorbereitung genauso wichtig ist wie die Technik oder körperliche Fitneß. Amerikanische Forscher haben festgestellt, daß viele Leistungssportler nicht zuletzt deshalb Verletzungen schneller überwinden als andere, weil sie sich schon während ihres Aufenthalts im Krankenhaus bereits wieder geistig im Training oder beim Wettkampf sehen. Sie spüren beispielsweise ganz deutlich die Skier unter ihren Füßen, die Wellen der Piste, oder sie fahren ganze Strecken im Geiste ab, und dadurch beschleunigt sich die Heilung, weil der Körper schneller reagiert, neue Energien freisetzt, und dadurch der Heilungsprozeß gewaltig unterstützt wird.

Dr. Murphy schilderte mir einmal diese Geschichte: Auf einer Krankenstation in Mittelamerika lagen etwa 15 Männer auf ihren Pritschen. Sie waren teils halbseitig, teils querschnittsgelähmt, und weil die Hitze sehr groß war, hatte man alle Fenster im Zimmer weit geöffnet, denn über eine Klimaanlage verfügte das Krankenhaus damals nicht. Im Laufe des Vormittags – die Patienten lagen dösend in ihren Betten – kroch auf einmal eine grüne Baumschlange zum Fenster herein. Innerhalb von etwa 30 Sekunden, so Dr. Murphy, war die Schlange das einzige Lebewesen, das in der Station noch anzutreffen war.

Die Kraft in diesen kranken Menschen war immer schon da, und zwar in jedem einzelnen, der nun fluchtartig den Saal verließ. Die Schlange löste diese Kraft lediglich aus; wäre der erste dieser Männer nicht aufgestanden, dann wären die 14 anderen möglicherweise auch liegengeblieben. Aber die große Angst vor der Schlange ließ sie die körperliche Blockierung für einen kurzen Augenblick vergessen. Nur der Wille, so schnell wie möglich aus dem Zimmer zu flüchten, war in diesem Moment der dominierende Gedanke in den Köpfen der Patienten dieses Krankenzimmers. Alle 15 konnten von diesem Moment an wieder gehen und sich bewegen.

Der FC Bayern-»Himmel«

Ich glaube, ich sollte Ihnen folgenden Witz kurz erzählen, weil er, wie ich meine, ganz gut zu diesem Kapitel paßt. Möglicherweise ist er ein wenig makaber, aber vielleicht gefällt er mir deshalb so gut.

Ein Fußballspieler, der einen Autounfall gehabt hatte, lag im Krankenhaus, in Gips gebettet, und der Pfarrer des Hospitals sah regelmäßig zu dem Patienten herein. Eines Tages fragte der Fußballspieler den Pfarrer: »Herr Pfarrer, gibt es eigentlich im Himmel eine Fußballmannschaft?« Der Pfarrer, der etwas erstaunt war, antwortete: »Ich weiß nicht, mein Sohn, aber ich kann mich ja erkundigen.«

Als er am nächsten Tag wieder zu dem Patienten kam, wollte dieser gleich wissen, ob er sich wegen der Fußballmannschaft schon kundig gemacht hätte. Der Pfarrer war sehr verlegen und antwortete zögerlich: »Ja, ich hatte gestern abend Kontakt mit dem Himmel aufgenommen, und nun habe ich eine gute und eine schlechte Nachricht für Sie.« Der Patient wollte zuerst die gute Nachricht hören, und so fuhr der Pfarrer fort: »Mein Sohn, es gibt tatsächlich eine Fußballmannschaft im Himmel!« Der junge Mann im Krankenbett freute sich königlich und fragte neugierig, was denn die schlechte Nachricht sei. »Sie sind am Wochenende bereits als Libero aufgestellt«, antwortete der Pfarrer kleinlaut.

Der Schluckauf ist weg!

Ein Mensch, der permanent Schluckauf hatte, war sehr mitgenommen von diesem Zustand. Er konsultierte mehrere Ärzte, die ihm verschiedene Medikamente verschrieben, welche er auch pünktlich und gewissenhaft einnahm. Aber nichts half. Eines Nachts, als er in seinem Bett lag und ein Buch las, krabbelte plötzlich eine Tarantel unter seine Bettdecke. Als er diese bemerkte, stockte ihm der Atem vor Angst. Langsam griff er nach dem Zipfel der Bettdecke, riß diese zurück, sprang aus dem Bett heraus und schlug das Tier mit seinem rechten Hausschuh tot. Er atmete tief durch, und als er sich dann nach wenigen Minuten wieder ins Bett legte, fiel ihm auf, daß sein Schluckauf jetzt wie weggeblasen war.

Sein Unterbewußtsein, dem ständig der Wunsch nach Heilung übermittelt wurde, wählte in diesem Fall den Weg des Schocks, um ihn zu heilen. Das und nichts anderes ist das Geheimnis. Er hatte sich so sehr nach Heilung gesehnt, und wieder kam diese in einem Moment und auf eine Art und Weise, als er am allerwenigsten damit rechnete.

Auch jetzt sollten Sie wieder einmal innehalten, um nach ähnlichen Situationen in Ihrem eigenen Leben zu forschen. Wenn Sie sich dann an etwas erinnern, gehen Sie geistig zu dieser Situation zurück und versuchen Sie, sich an Details, Gefühle und Überzeugungen zu erinnern, die diesen Szenen vorausgegangen sind. Ein selbsterlebtes Beispiel überzeugt mehr als 100 Beispiele aus Büchern, und Sie wollen sich doch überzeugen lassen, oder nicht?

Der Denkfehler

Manche Menschen sind der Meinung, daß zuerst einem anderen etwas weggenommen werden müßte, bevor sie selbst etwas bekommen können. Diese Haltung ist genauso dumm wie unverständlich, denn wenn Sie tief einatmen, nehmen Sie dann einem anderen die Luft weg? Oder wenn Sie dem Ozean einen Eimer Wasser entnehmen, nehmen Sie dann anderen etwas weg?

Allein in den Tropen verrotten pro Jahr so viele Früchte, die zusammen leicht ausreichen würden, um damit die gesamte Weltbevölkerung problemlos ernähren zu können. Geld ist im Umlauf in den verschiedensten Währungen und in einer fast unaussprechlichen Höhe und Menge. Ich könnte diese Beispiele endlos fortsetzen. Sie schaden also niemandem mit Ihren Wünschen, die nach Erfüllung streben. Im Gegenteil, ein Mensch ohne Wünsche und Ziele ist eigentlich schon so gut wie tot.

Sie sind auf dieser Welt, um ein gesundes, erfülltes und glückliches Leben zu führen; die Tatsache, daß wir unseren Verstand im Laufe der Jahrmillionen selbst kastriert haben, ist nicht die Schuld der Schöpfung, und deshalb müssen Sie sich zuerst wieder von den Gedanken des Neides, des Hasses, der Eifersucht und der Armut trennen. Solche Gedankengänge sind der Schöpfungsidee nämlich völlig fremd. Statt dessen sollten Sie sich geistig einklinken in die wunderbare Versorgung in jeder Lebenslage durch die Macht Ihres Unterbewußtseins.

Sicher kostet es eine Menge Disziplin, und man erliegt dabei auch ständig der Versuchung, in den alten Trott zurückzuverfallen; das ist zugegebenermaßen ein sehr großes Problem. Sie müssen aber andererseits nicht doppelt so alt werden, um die Dinge zu verändern und positive Ergebnisse zu erzielen, Sie sollten nur bereit sein, sich dieser Problematik bewußt zu stellen.

Sie können wirklich innerhalb weniger Wochen Ihr Leben entscheidend verändern, wenn Sie beginnen, das anzuwenden, was ich und Tausende andere vor mir Ihnen raten. Wir alle sind weder Übermenschen noch höhere Wesen, im Gegenteil, auch wir müssen jeden Tag aufs neue darauf achten, am Ball zu bleiben, und wir rutschen trotzdem ab und zu auch noch aus der Bahn. Wenn wir dies allerdings erkennen, dann verändern wir unser Denken sofort ins Positive und konzentrieren uns unverzüglich wieder auf das Wesentliche. Das einzige, das mich und viele andere vielleicht jetzt noch von Ihnen unterscheidet, ist: Wir haben dies alles schon so oft geübt und wissen deshalb, was dabei herauskommen muß, wenn wir anfangen umzudenken.

Die Sicherheit und das Wissen um die Zusammenhänge ist zwar ein gewisser Vorsprung, wenn Sie aber ein Jahr mit diesem Denken und gleichzeitig mit viel Disziplin und Durchhaltevermögen an sich selbst gearbeitet haben, so werden Sie nie mehr zu Ihren alten, oft selbstzerstörerischen Gewohnheiten zurückkehren wollen. Das größte Hindernis auf diesem Weg ist das Massenbewußtsein, das uns täglich neu umarmt, sowie die Trägheit und Faulheit, das einmal Begonnene auch ganz konsequent durchzuhalten. Wir lassen uns allzu gerne dazu verleiten, aufzugeben, wenn andere uns einreden, daß dieses konstruktiv-positive Denken doch alles nur Leuteverdummung wäre. Menschen, die dies behaupten, sind oft selbst kurz vor dem Ertrinken und versuchen trotzdem noch, andere vom Schwimmenlernen abzuhalten. Lassen Sie sich nichts einreden, benutzen Sie Ihren Verstand und Ihre Logik, dann gehören Sie immer zu den Gewinnern.

Dazu paßt auch folgender Witz: »Ein Arzt untersucht einen Patienten, der mit geschlossenen Augen auf einem Bett liegt. Nach wenigen Sekunden sagt der Arzt zur Frau des Patienten: ›Es tut mir sehr leid, gnädige Frau, aber Ihr Mann ist tot.‹ Daraufhin richtet sich besagter Mann in seinem Bett auf und wendet sich an den Doktor: ›He Doktor, was sagen Sie denn da, ich bin völlig in Ordnung!‹ Da brüllt ihn seine Frau böse an: ›Halt den Mund, der Doktor weiß das besser, er hat schließlich studiert — im Gegensatz zu dir!‹«

Niemand auf dieser Welt kann Ihr Leben leben, deshalb sollten Sie Ihre Entscheidungen auch selbst treffen. Ich kenne Wissenschaftler, die vor Klugheit strotzen und trotzdem mit ihren Einkünften gerade so durchkommen, weil sie überhaupt keine Beziehung zum Geld haben; sie vergessen völlig, ihr Know-how auch angemessen zu verkaufen.

Wenn Sie dagegen mehr wollen, dann sollten Sie Ihr Vorhaben jetzt verwirklichen mit den Möglichkeiten, die Ihnen die Schöpfung gegeben hat. In diesem Zusammenhang möchte ich ganz bewußt folgende Anmerkung machen: Natürlich ist es damit nicht getan, daß man den

Armen auf dieser Welt Bücher in die Hand drückt und sie darauf hinweist, daß sie selbst schuld daran seien, wenn sie nichts zu Essen haben, und sie bräuchten lediglich erfolgreich zu denken, dann ändere sich alles. Sicherlich muß man diesen Menschen helfen, aber man sollte es in dem Sinne tun, daß man sie das Fischen lehrt, statt ihnen einen Fisch in die Hand zu drücken.

Gerade die einfacheren Völker dieser Erde haben oft noch einen sehr starken Draht zur Intuition und zum Unterbewußtsein, und sie sind meist enger mit den Kräften der Natur verbunden als wir. Wenn man sie richtig anlernen würde, diese Kräfte in ihrem Inneren gezielter zu nutzen, dann würden sie uns in der westlichen Welt schon sehr bald eingeholt und oder gar überflügelt haben, aber wer von uns will das schon? Fühlen wir uns nicht wohl in der Rolle der Halbgötter, die sich gnädig dazu herablassen, ein paar Stücke Brot unter den Tisch fallen zu lassen?

Als Shirley McLaine genau über diesen Punkt einmal im Fernsehen sprach und darauf hinwies, welche geistigen Hilfen man der Dritten Welt geben müsse, um diese Menschen nachhaltig unterstützen zu können, fühlte sich eine Fernsehansagerin dazu berufen, diese Aussage wie folgt zu kommentieren: »Na ja, wenn es so geht, dann braucht ja niemand mehr zu spenden!« Diese Ignoranz und Dummheit glaubte sie sich leisten zu können, weil sie im gleichen Atemzug ganz süffisant darauf hinwies, daß sich Shirley McLaine schon seit geraumer Zeit dem Okkultismus verschrieben habe.

Wenn diese Fernsehansagerin auch nur ein Promille des Wissens dieser großen amerikanischen Schauspielerin besitzen würde, dann hätte sie sich mit Sicherheit eher auf die Lippen gebissen, als eine so dümmliche und unqualifizierte Bemerkung zu machen.

Vor 20 Jahren wurden die Menschen ausgelacht, die sich

mit Autogenem Training beschäftigten. Man lachte auch über jene, die meditierten, eine Atemtherapie oder einen Yoga-Kurs besuchten. Heute diskutieren schon Stammtische sehr ernst über diese Möglichkeiten und fühlen sich durchaus dazu berufen, ihre Meinung kundzutun, und meist fallen die Urteile gar nicht mehr so negativ aus.

Gehen Sie Ihren eigenen Weg und halten Sie ihn bis zum Ziel durch, denn in 20 Jahren wird die Philosophie vom konstruktiven Denken schon viel selbstverständlicher geworden sein als heute; und wenn Sie 50mal oder öfter mit Ihrer Arbeit beginnen müssen, um endlich durchzuhalten, so müssen Sie sich deshalb nicht schämen, denn es ist noch kein Meister vom Himmel gefallen, und ich selbst bin das beste Beispiel dafür, wie schwer man sich anfangs tun kann. Lassen Sie sich auch nicht beirren, wenn man Ihnen fehlende wissenschaftliche Untermauerung entgegenhält. Sie wissen ja: Wissenschaft ist der gegenwärtige Stand des Irrtums!

Der große Joseph Murphy

Im Jahre 1976 machte ich mich selbständig und kam im Zuge dessen auch mit dem Buch »Die Macht Ihres Unterbewußtseins« von Dr. Joseph Murphy (Ariston Verlag, Genf) in Berührung. Ich war von den Möglichkeiten, die sich mir auftaten, fasziniert und machte sogleich den ersten Anlauf, die geschilderten Techniken anzuwenden. Der »Anfall« dauerte etwa fünf oder sechs Tage, dann räumte ich das Buch etwas desillusioniert wieder ins Regal zurück, und war auch gleich wieder auf dem alten, falschen – aber über Jahrzehnte so gut eingefahrenen – Gleis angekommen.

Im Laufe der Jahre wurde Dr. Murphy von mir immer wieder dann reaktiviert, wenn es mir persönlich oder finanziell schlecht ging. Im Jahr 1978 wurde ich von Freunden dann auf eine Europatournee von Dr. Murphy aufmerksam gemacht und besuchte einen seiner Vorträge in einem Nobelhotel in Frankfurt. Alle saßen gespannt da und warteten auf den Mann, dessen Bücher sie zwar kannten, aber dessen Lehre sie noch nicht befriedigend umsetzen konnten. Alle, mehrere Berufskollegen und ich, erhofften sich von diesem Vortrag viele neue Impulse.

Im Saal war es mucksmäuschenstill, als Dr. Murphy an der Seite einer etwa um einen Kopf größeren Frau den Saal betrat. Der damals über 80jährige Dr. Murphy trat hinter sein Pult und begann seinen Vortrag, der übrigens von dem früheren Tagesschausprecher Manfred Schmidt aus München simultan übersetzt wurde.

Alle waren beeindruckt, welche Power und Dynamik von diesem großen »kleinen« Mann ausging. Er sprühte förmlich vor Dynamik, und seine eindrucksvolle Stimme fesselte alle Anwesenden. So vergingen die folgenden zwei Stunden fast wie im Flug. Anschließend hatte ich die große Freude und Ehre, meine Bücher von Dr. Murphy persönlich signieren lassen zu dürfen sowie zwei weitere Neuerscheinungen erwerben zu können. Als ich ihm das Buch »Die Macht Ihres Unterbewußtseins« zwecks Widmung vorlegte, fragte mich Dr. Murphy, ob ich denn die Techniken auch selbst anwenden würde. Dabei lächelte er und sah mich fragend an. Da ich einer der letzten in der Warteschlange war, trat ich etwas zur Seite und antwortete: »So ganz klappt es noch nicht, Dr. Murphy, aber ich arbeite daran.« Während Joseph Murphy die restlichen Bücher signierte, wartete ich etwas abseits, und als er sich dann erhoben hatte, kam er mit Manfred Schmidt kurz auf mich zu, und wir unterhielten uns miteinander.

Als ich mich von Dr. Murphy wieder verabschiedete, war ich natürlich mächtig stolz, ihn persönlich gesprochen zu haben, und ich nahm mir fest vor, ab sofort ganz intensiv mit mir und an mir zu arbeiten.

Zu dieser Zeit war mein beruflicher Erfolg mehr als mäßig, und ich erhielt fast täglich sogenannte Binnen-Briefe von Gläubigern und Banken (als Binnen-Brief bezeichne ich Briefe mit dem folgenden, immer wiederkehrenden Inhalt: »Zahlen Sie bitte binnen...«). Aber ich war mit viel Enthusiasmus aus Frankfurt zurückgekommen und absolut sicher, diesmal viel erfolgreicher und mit mehr Durchhaltevermögen arbeiten zu können.

Also nahm ich mir am Morgen und am Abend wieder die Zeit, meine Bejahungen zu sprechen; trotzdem war ich nicht in der Lage, meine Angst vor einer geschäftlichen Pleite in den Glauben, erfolgreich zu sein, umzuwandeln. Wie auch, machte ich mir doch ständig Sorgen, und wenn ich diese einmal nicht selbst auslöste, so kam ganz bestimmt ein Brief oder ein Telefonanruf, der dafür sorgte, daß diese Angstgedanken mich wieder beherrschten. So bejahte ich zwar Gesundheit und Reichtum, Glück und Erfolg, aber meine inneren Bilder befaßten sich ständig weiter mit Versagen und damit, wie es nach einer möglichen Pleite weitergehen würde.

Ich dachte an den möglichen Offenbarungseid und vor allem daran, wie ich meinen Freunden und meiner Umwelt eine plausible Entschuldigung dafür präsentieren könnte. Ich sah mich geistig als beruflich erledigt, während ich das Gegenteil mit meinen Lippen bejahte.

Dies ging über viele Wochen hinweg, und letztlich kam es, wie es kommen mußte, die Situation wurde immer schlechter anstatt besser. Da hörte ich mit meinen Bejahungen wieder auf, denn dieser »Mist« taugte anscheinend doch nichts, und ich, Peter Kummer, betrachtete mich schließlich als kompetent genug, um dieses Urteil fällen zu können.

Ich verbrachte die folgenden Abende wieder in der Kneipe und schimpfte mit »Gleichgesinnten« kräftig auf die Regierung, das System und die Schlechtigkeit der Welt im allgemeinen. So fuhr ich dann allabendlich nach Hause, glücklich und zufrieden, daß ich nicht der einzige war, der die Dinge so sah; und ich freute mich schon auf den nächsten Abend, um wieder richtig im eigenen Saft schmoren zu können. Am liebsten hätte ich in diesen Tagen schon früh morgens am Tresen gestanden, denn dort gab es kein Telefon und keinen Briefkasten.

Dann lernte ich eines Abends in einer dieser Kneipen eine Frau kennen, in die ich mich sofort verliebte, und wie von Zauberhand war eine neue Motivation in mir vorhanden. Also holte ich Dr. Murphys Bücher wieder aus der Versenkung, um erneut mit meiner geistigen Arbeit zu beginnen, diesmal allerdings mit Erfolg, denn nun meinte ich es sehr ernst. Nur ein halbes Jahr später waren all meine Schulden bezahlt, und ich hatte sogar ein Sparkonto angelegt. Die kommenden Jahre verliefen immer besser, und ich faßte langsam mehr Vertrauen in mich und meine geistige Arbeit. Nun faszinierte es mich, meine Ziele und Wünsche zu verwirklichen, und ich las mehr und mehr Bücher über das positive Denken und begann obendrein damit, eigene Programme zusammenzustellen, sie anzuwenden und umzusetzen.

Erst jetzt begann ich zu begreifen, daß man das konstruktive Denken nicht halbherzig leben konnte, ebenso wenig wie eine Frau ein bißchen schwanger werden kann. Die logische Folge davon waren mehr Wohlstand und mehr Erfolg, aber auch kleinere Rückschläge aufgrund sich schon wieder einschleichender Faulheiten und Negativgedanken. Als ich das begriff, nahm ich mich sofort wieder zusammen, und von da an gehörte mein tägliches Programm zu mir wie das Zähneputzen, Essen, Trinken oder Schlafen.

Im nachhinein habe ich klar erkannt, daß mein Unterbewußtsein meine Motivation damit wieder aufzubauen begann, indem es mich meine damalige Freundin kennenlernen ließ. Sie erzählte mir nämlich, daß sie sehr gerne reisen würde, aber auch im Moment an keiner festen Bindung interessiert sei, weil sie erst kürzlich geschieden wurde. Ich dagegen wollte beides: mit ihr verreisen und eine feste Bindung aufbauen, und so rechnete ich mir aus, daß – wenn ich sie auf eine größere Reise mitnehmen würde – eine reelle Chance bestünde, ihre Einstellung zu mir nachhaltig zu verändern. Dazu mußte ich allerdings dringend Geld verdienen, denn zu der Zeit hätte ich ihr mit knapper Not eine Rundreise mit der Straßenbahn um Stuttgart bieten können.

Mitte Oktober buchte ich für uns beide über Weihnachten eine Woche Sri Lanka, worüber sie sich sehr freute. Ich hoffte, sie dadurch erstens für minimum zwei weitere Monate halten zu können, und zweitens das dafür nötige Geld mit dieser Motivation im Rücken relativ leicht zu verdienen. Beides funktionierte auch wie vorgesehen, und wir beide flogen am 25. Dezember gemeinsam in den Urlaub. Anschließend gingen wir sogar noch eine Woche zum Skifahren nach Zell am See, und es war eine wunderbare, unvergeßliche Zeit, obwohl wir uns einige Monate später dann wieder trennten. Ich hatte mich beruflich inzwischen gefangen, und so war dieser Zeitabschnitt ein sehr wichtiger für mich gewesen.

Unser Unterbewußtsein wählt oft die seltsamsten Wege aus, aber es weiß immer, wo es anzusetzen hat. Mein Wunsch nach finanzieller Versorgung war mein wichtigster, aber auch eine Partnerin zu haben und Reisen in ferne

Länder zu unternehmen, wünschte ich mir sehr. Auf diese Art und Weise bekam ich alles auf einmal. Daß ich meine Freundin wieder verlor, war zwar nicht gerade leicht zu verkraften, aber finanziell ging es mir jedenfalls wieder wesentlich besser und das war ja wohl das wichtigste in diesen damaligen Tagen.

Die Insel

Ich habe Ihnen dies alles bewußt so ausführlich erzählt, damit Sie sehen, daß mir die Taler auch nicht in den Schoß gefallen sind. Wenn Sie lange genug durchhalten, kommt auch für Sie in irgendeiner Form die passende Lösung, weil es sich schlicht um ein Naturgesetz handelt.

Wir alle sitzen, um einen weiteren Vergleich zu bemühen, wie Schiffbrüchige auf einer von Kokosnüssen übersäten Südseeinsel. Wir stoßen bei fast jedem Schritt gegen eine solche Frucht, erkennen aber nicht, daß der Inhalt dieses harten, ovalen Hanfklumpens uns über Jahre hinaus sättigen und unseren Durst löschen könnte. Es nützt auch nichts, die Oberfläche der Fruchthülle mit einer Nagelfeile anzukratzen, weil die eigentliche Nuß, und damit Essen und Trinken, doch tief im Inneren steckt. Wenn wir aber ein scharfes Buschmesser nehmen und den Hanf sowie die darunter liegende Nußschale damit durchschlagen würden, dann wären wir gerettet! Nun, Sie haben jetzt ein solches geistiges Buschmesser, scharf geschliffen, samt Schleifstein und Gebrauchsanweisung in der Hand. Es liegt also an Ihnen, ob Sie die Kokosnüsse aufschlagen und sich mit ihrem Inhalt stärken, oder Ihren müden Körper resignierend darauf betten, bis er vor Schwäche nicht mehr kann und aufgibt.

Wir können es drehen und wenden, wie wir wollen, die Verantwortung werden wir nicht los. Sie sollten deshalb anfangen, Ihr Leben zu genießen, und Ängste denen überlassen, die die Früchte einer solchen Denkweise auch ernten wollen.

Essen und trinken Sie um Gottes willen das, was Sie wollen, was weder eine Ermunterung zur Freßsucht noch zum Alkoholismus sein soll. Ich will lediglich damit sagen, daß Sie nicht über Krebs und andere Krankheiten nachsinnen und diskutieren sollen, wenn Sie eine bestimmte Nahrung zu sich nehmen. Jede Woche berichten die Boulevardzeitungen und Illustrierten über ein neues Lebensmittel, das angeblich krebserregend ist. Damit wollen diese Blätter – wie sie behaupten – nur aufklären. Sie erreichen aber oft das Gegenteil, weil sie in ihren Lesern in sehr vielen Fällen erst die Saat der Furcht vor genau dieser Krankheit säen.

Natürlich muß man informieren, aber solange wir diese Art von Berichten geradezu verschlingen und dadurch diesen Blättern den gewünschten Umsatz bringen, wird die Berichterstattung als solche sicher nicht sachlicher, sondern nur noch effekthaschender.

Lesen Sie Berichte, die sich mit Gesundheit befassen, und nicht solche, die von Krankheit handeln. Krebs wird so lange nicht in den Griff zu bekommen sein, so lange sich die Angst vor ihm noch mehr verbreitet, denn Angst erzeugt sofort das innere Bild, selbst einmal Opfer zu sein, und das ist buchstäblich der Nährstoff, der diese Krankheit noch mehr ausufern läßt. Ich wünschte, die Schulmedizin würde diese Zusammenhänge auch endlich einmal erkennen. Es wird zwar oft darüber berichtet, daß einige Menschen von Krebs geheilt wurden; aber man kommt nicht einmal auf die Idee, darüber nachzudenken, daß dies ausschließlich mit der Einstellung dieser Patienten zu ihrer Krankheit zu tun hat.

Methusalixe

Ein Erziehungswissenschaftler hat vor Jahren in Nepal sowie im Süden der ehemaligen UdSSR Menschen betreut, die 100 Jahre und älter waren. Er hat dabei festgestellt, daß die Ernährung dieser Menschen in krassem Gegensatz zu unseren Ernährungsvorschriften beziehungsweise -empfehlungen steht. Aber weder Zeitung noch Radio oder Fernsehen »klärte« diese Menschen darüber auf, wie gefährlich die Speisen waren, die sie zu sich nahmen, und deshalb hatten sie auch keine Angst davor. Diese Leute lebten teilweise unter sehr harten Alltagsbedingungen, und trotzdem kannten sie weder Haß noch Ressentiments gegen andere. Sie lebten in Frieden mit sich und der Natur. Genau dies ist der Grund um das Geheimnis ihrer Gesundheit und ihres hohen Lebenalters.
Wenn Sie einen Raucher in der Familie haben, machen Sie ihn bitte nicht täglich auf die verschiedenen Krankheitsbilder aufmerksam, die Rauchen hervorrufen kann. Damit vergrößern Sie doch nur die Gefahr für ihn. Viele Raucher geben nur aus purer Opposition gegen diese ständigen Angriffe ihre Sucht nicht auf, obwohl sie es sonst vielleicht schon längst getan hätten, ließe man sie in Ruhe. Wählen Sie aus, womit Sie sich beschäftigen, und wenden Sie sich dem Leben zu, und nicht dem Tod.

Die »Ich-bin«-Automatik

Alles, was Sie den Worten »Ich bin« hinzufügen, zu dem werden Sie. Jeden Tag sollten Sie fünf Minuten lang folgendes tun: Stellen Sie sich vor Ihren Spiegel und wiederholen Sie langsam, ruhig und im Vertrauen, daß Ihr Unterbewußtsein alles wie ein trockener Schwamm aufsaugt, einen oder mehrere der folgenden Sätze:

- »Ich bin gesund.«
- »Ich bin wohlhabend.«
- »Ich bin sehr glücklich.«
- »Ich bin ein gewaltiger Erfolg.«
- »Ich bin ein guter und liebevoller (Ehe)partner.«
- »Ich bin voll Liebe und Harmonie.«
- »Ich bin kreativ und sprühe vor Dynamik.«
- »Ich bin stets fröhlich und lebensbejahend.«
- »Ich bin voller Frieden und innerer Freude.«

Greifen Sie sich einen oder mehrere dieser Sätze zwei- oder dreimal täglich etwa zwei Minuten lang heraus und arbeiten Sie damit. Sie werden selbst sehen, was danach mit Ihnen und Ihren Lebenseinstellungen geschieht. Beobachten Sie sich sehr aufmerksam, dann werden Sie rasch kleinere oder größere Veränderungen in Ihrem Leben oder auch in Ihrem Umfeld wahrnehmen.

Eine Verkaufskanone

Ein mir bekannter Versicherungsvertreter wandte diese Methode täglich konsequent und über mehrere Jahre hinweg an, indem er sich sagte: »Ich bin ein gewaltiger Erfolg und ich akzeptiere, daß ich nur solche Termine wahrzunehmen habe, die zum Segen meiner Kunden und zu meinem eigenen Segen sind!« Er war lange Zeit der Starverkäufer in seiner Gesellschaft, denn er bejahte tief in sich, daß er nur mit den Menschen Abschlüsse tätigen könne, die dies auch selbst wollten und deshalb genau wußten, was sie taten. Aus diesem Grund war seine Stornoquote auch stets weit unter zehn Prozent. Er erzählte mir: »Ich habe ein Buch von Dr. Murphy gelesen und mir gesagt: Selbst wenn es nicht funktioniert, diese dreimal fünf Minuten pro Tag sind keine Verschwendung.« So begann er, diese Bejahung in sein Leben einzubauen, und nach und nach kam der Erfolg, was ihn natürlich dazu veranlaßte, bei diesen Bejahungen zu bleiben. Heute, zehn Jahre später, sagte er, brauche ich dies nicht mehr dreimal fünf Minuten täglich zu tun, denn inzwischen sind mir meine Vorstellungen und Überzeugungen in Fleisch und Blut übergegangen.

Kaffeekränzchen

Denken Sie einmal an die vielen destruktiven Rentner- oder auch Witwenkaffeekränzchen, die tagtäglich überall auf der Welt stattfinden. Wie soll ein Mensch denn gesund bleiben, wenn er sich die ganze Zeit mit den Krankheiten der Nachbarn, Freunde oder seinen eigenen Wehwehchen beschäftigt, nur um am Freitag oder Samstag beim Kaffeeklatsch etwas erzählen zu können.

Als ich vor Wochen in einem Café saß und auf meine Frau wartete, hörte ich fast fünfundvierzig Minuten lang unfreiwillig einer solchen Damenrunde zu. Während der gesamten Zeit wurde, mit Ausnahme der Bestellung von Kaffee und Kuchen, nur von Krankheiten gesprochen.

Gerade ältere Menschen sollten sich fernhalten von solchen »Bakterienherden des Geistes« und sich ein eigenes inneres Bild von Gesundheit, Vitalität und Wohlergehen machen. Genauso sollten gerade diese älteren Menschen nicht jede zweite Woche auf eine Beerdigung oder Einäscherung gehen. Viele kennen oft nicht einmal den Verstorbenen, auf dessen Beerdigung sie gehen, und werden lediglich von ihrer Neugierde dorthin getrieben, um ihren Geist mit Trauer und Endgültigkeit vollzustopfen. Diese Menschen sollten sich vielmehr mit lebengebenden und lebenspendenden Gedankenmustern beschäftigen, denn sonst identifizieren sie sich doch immer mehr mit Krankheit, Tod und Unglück. Wenn Sie also zur älteren Generation gehören sollten, dann vermeiden Sie es tunlichst, sich Ihre Freude und Unterhaltung auf Friedhöfen, in Krankenhäusern und bei Kaffeekränzchen mit selbstzerstörerischen Gesprächsstoffen zu suchen. Beschäftigen Sie sich mit dem Leben, der Gesundheit und mit positiven Denkmustern, dann werden auch Sie sehr schnell feststellen, daß diese neuen Gedanken Freude, Fröhlichkeit und Gesundheit in Ihnen verursachen. Also denken Sie auch daran, wenn Sie jetzt wieder mit den Arbeitsblättern arbeiten und vielleicht auch zur älteren Generation zählen.

1. Arbeitsblatt

Name: _____   Datum: _____

Mein Ziel: _____

Warum möchte ich dieses Ziel unbedingt erreichen?

_____

_____

_____

_____

_____

_____

Was tue ich, um dieses Ziel auch sicher zu erreichen?

_____

_____

_____

_____

_____

_____

Wochenplan konsequent eingehalten: _____

»Ja, ich bin wirklich zum Erfolg geboren
– wie der Vogel zum Fliegen!«

2. Arbeitsblatt

Mein Wochenplan:

Monat: _____ Woche: _____ 199__

Tag	Affir-mation	Imagi-nation	Subli-minal	Endlos-band	Phantasie-reise	Spiegel-behandlg.	Son-stiges
Mo							
Di							
Mi							
Do							
Fr							
Sa							
So							

»Ich weiß: was einmal geht, das geht
immer wieder!«

3. Arbeitsblatt

Plananalyse: Was kann ich noch besser machen?

_____

_____

_____

_____

_____

_____

Notizen, Anregungen, Ideen

_____

_____

_____

_____

_____

_____

»Hör auf zu suchen, laß Dich finden!«

10. Kapitel

Im 10. Kapitel lesen Sie,

- warum Sie Ersatzbefriedigungen gar nicht brauchen

- über die Grenzen des Bewußtseins

- was es heißt, wenn man sagt: Dein Glaube hat Dir geholfen

- was lebensspendende Gedankenmuster sind

- wie ein junger Belgier ein »Wunder« bewirkte

- wie man mit Subliminals arbeiten sollte

Ersatzbefriedigungen

Frust, Drogen, Alkohol, Kleptomanie, Perversität in jeder Form, chronische Krankheiten, Spielsucht und so weiter sind meist der Ausdruck nicht gelebter eigener Entfaltung. Es sind Ersatzbefriedigungen, die wir uns erwählen, weil wir das nicht ausdrücken können, was wir eigentlich wollen.

Wer seine Talente, Wünsche und Sehnsüchte leben und ausdrücken kann, der braucht keinen Ersatz, weil er über das Original verfügt. Oder würden Sie vielleicht eine echte Cartier-Uhr gegen eine Imitation aus Bangkok eintauschen wollen? Wie viele Menschen nehmen sich das Leben, weil sie glauben, daß es sinnlos sei, weiterzuleben. Ihnen möchte ich vor allem zurufen: Es gibt immer einen Ausweg, und das Unterbewußtsein wird genau den richtigen finden, wenn Sie es den Schlaftabletten oder einer Kugel vorziehen.

Bekannte Stars, die einst verehrt und bejubelt wurden, und dann aus den verschiedensten Gründen wieder in der Versenkung verschwanden, kamen oft mit ihrem Leben nicht mehr zurecht. Keiner blieb mehr stehen, wenn sie auf der Straße entlanggingen, keiner mehr wollte Autogramme von ihnen, und deshalb griffen sie zu Drogen, Alkohol, Tabletten oder begingen sogar Selbstmord –

denn das garantierte zumindest wieder eine neue Schlagzeile, auch wenn es oft die letzte war.

Es gibt aber auch andere Beispiele, in denen Menschen neue Talente in sich entdeckten und darangingen, sie zu fördern und auszubilden, oder auch solche, die fest an ihr Comeback glaubten und dieses dann auch erreichten. Einige reiche Leute dagegen, die Millionen haben, suchen den Nervenkitzel eines Verbrechens oder steigen in den Drogenhandel ein wie vor Jahren zum Beispiel der Fußballspieler Diego Maradonna. Das Schlimmste, das einem Menschen passieren kann, ist, keine Wünsche und keine Ziele mehr zu haben. Maradonna hatte alles, er konnte sich so viele Ferraris kaufen, wie er wollte. Jedes Anwesen, ob in Hollywood, Acapulco oder Malibu konnte er mit »links« erwerben. Er hatte fast alle Titel gewonnen, die man als Fußballspieler erringen kann, hat eine nette Frau und gesunde Kinder. Sein ganzer Familienclan, bis hin zum Großvater, wurde von ihm finanziell versorgt, und trotzdem dealte er mit Drogen. Er wandte seine innere Kraft, die ihn mit einem begnadeten Talent in Sachen Fußball ausgestattet hatte, auf diesem Feld deshalb so zerstörerisch an, weil er sich nicht selbst die Frage stellte: »Was könnte ich tun, das mich ausfüllt und befriedigt?«, sondern den Nervenkitzel in der Kriminalität suchte. Es wäre sicherlich zu einfach, daraus abzuleiten, daß Geld etwas Schmutziges sei, denn hätte Maradonna beispielsweise als UNICEF-Botschafter seine Popularität und sein Geld eingesetzt, so wäre daraus sicher eine ganze Menge Gutes entstanden. Der Mensch braucht immer eine Aufgabe, mit der er sich identifizieren kann und die ihn ausfüllt. Ihr Unterbewußtsein weiß, auf welchem Gebiet Ihre Fähigkeiten liegen, aber Sie müssen es schon danach fragen, wenn Sie daran interessiert sind.

Die Grenzen des Bewußtseins

Wenn Sie sich geistig nicht von sämtlichen Riten, Dogmen, Lehrmeinungen, Traditionen, Zeremonien und Äußerlichkeiten, die von Menschen ins Leben gerufen wurden, befreien und sich dadurch immer weiter selbst begrenzen, werden Sie ewig in diesen »Fallen« gefangen bleiben. Halten Sie sich an die Kraft, die Sie schuf, und Sie werden niemals verarmt, verletzt oder ernstlich krank sein, sondern immer ein zufriedenes und erfülltes Leben führen. Wer ausschließlich mit dem Kopf entscheidet, wird automatisch an Grenzen stoßen und dann nicht mehr wissen, wie es weitergehen soll.

Dies ist praktische, angewandte Lebenshilfe, denn wer um diese Dinge weiß und sie auch lebt und umsetzt, wird niemals auch nur auf die Idee kommen, Selbstmord zu begehen.

Die ganze Welt richtet sich ständig nach einer Lüge, weil sie von Menschen regiert wird, die nichts von den geistigen Gesetzen wissen. Alles, was in uns entschieden wird, muß sich äußerlich manifestieren. Bevor wir weiter zulassen, daß jährlich Milliarden von D-Mark, Dollar oder Rubel in die Rüstung gesteckt werden, damit wir uns gegenseitig vernichten können, sollten wir lieber einmal darüber nachdenken, ob wir diesen Wahnsinn nicht dadurch stoppen können, indem wir alle – und zwar jeder einzelne von uns – bei uns selbst mit der Veränderung beginnen. Wenn sich im Großen etwas verändern soll, muß man im Kleinen beginnen, und wir dürfen nicht immer die Verantwortung den Politikern zuschieben.

Wir sind zu 100 Prozent ein Produkt dessen, was wir denken, ein Ebenbild, ein Spiegel unserer dominanten inneren Meinung über uns selbst. Das, was wir geistig akzeptieren, wird immer die Tendenz haben, sich zu manifestieren. Wir können uns aber auch von einer Sekunde zur anderen verändern, und zwar zu dem Zeitpunkt, wo wir erkennen, daß wir uns selbst schaden, und wir können sofort anfangen, nur noch lebensspendende Denkmuster zu akzeptieren. Oft kann es sein, daß dann ein sogenanntes »Wunder« geschieht. Ein Mensch, der über Nacht von einer schweren Krankheit geheilt wird, weil er erkannte, welche Ursache seinem Problem zugrunde lag, und daraus die richtige, unumstößliche Konsequenz zog, kann erleben, daß das Krankheitsbild, das ihn jahrelang permanent plagte, plötzlich verschwunden ist. Dies sind dann die sogenannten Wunderheilungen.

Dein Glaube hat Dir geholfen

Denken Sie an die Wunderheilungen von Jesus Christus, über die wir in der Bibel nachlesen können. Auch Jesus wies immer wieder darauf hin, daß nicht er es sei, der die Heilung verursachte. Er sagte: »Nicht ich habe Dir geholfen, Dein Glaube hat Dir geholfen«, und fuhr dann fort: »Geh hin und rede mit niemandem darüber.«
Es gibt hier in Europa, aber vor allem in den USA unzählige Forschungsergebnisse, die eindeutig belegen, daß Patienten, die sich während ihres Aufenthalts im Hospital mit dem geistigen Bild ihrer Genesung befassen, sich nur halb so lange dort aufhalten müssen wie andere. Diese Patienten sehen sich im Geiste nicht als bemitleidenswerte Wesen, die völlig zerschlagen im Bett liegen. Nein, sie sehen sich gesund, lachend und vital, wie sie gerade Rasen mähen oder Unkraut jäten, und sie fühlen dabei genau, wie sie den Körperteil, an dem sie operiert wurden, ganz besonders einsetzen.

Manche Menschen beschweren sich, daß sie beispielsweise nach einer Blinddarmoperation nicht ernst genug genommen werden, und daß das Personal im Krankenhaus sie beinahe wie einen Gesunden behandelt. Viele gehen deshalb früher nach Hause, weil sie nicht gebührend bedauert werden, deshalb den Entschluß fassen, so schnell wie möglich gesund zu werden, und darüber beschweren sie sich auch noch.

Wie dumm können wir eigentlich noch werden? Nehmen wir nur ein Beispiel, wie es täglich in vielen Hospitälern der Welt vorkommt. Eine geschiedene Frau liegt gedemütigt, frustriert und anscheinend sterbenskrank im Hospital. Sie liebt ihren Mann immer noch, und weil sie glaubt, ohne ihn nicht leben zu können, fehlt ihr jeglicher Lebensmut. Die Ärzte sagen, daß diese Menschen einfach nicht mehr den Willen haben, gesund zu werden. Nehmen wir an, diese Frau bekommt nun einen Strauß Rosen, zusammen mit einem Brief, von ihrem Ex-Mann, ins Krankenhaus geschickt. Er schreibt ihr darin, daß ihm alles sehr leid tut, er sie ebenfalls noch sehr liebe und gerne in die gemeinsame Wohnung zurückkehren möchte. Zur Krönung schlägt er ihr eine dreiwöchige Versöhnungsreise, quasi als zweite Flitterwochen, nach Florida vor.

Was glauben Sie, was dann sehr oft passiert? Diese Frau kann über Nacht erstaunlich schnell wieder gesund werden. Das sind »Wunderheilungen«. Das innere Bild und das Gefühl in dieser Frau wurde lediglich von Unglück in Glück verwandelt, so wie Sie an Ihrem Fernsehapparat einen Knopf drücken und von einem Bach-Konzert auf den Karneval in Mainz umschalten können.

Wenn Sie dies akzeptieren können, weil Sie sagen: »Ja, so etwas habe ich selbst schon einmal erlebt«, dann müssen Sie aber auch gleichzeitig erkennen, daß alles, was Sie bisher in diesem Buch gelesen haben, ebenso funktioniert;

das Gesetz der Schwerkraft wirkt auch überall auf der Erde gleich und nicht nur in ausgesuchten Regionen.

Lebensspendende Denkmuster

Wenn Sie als Außenstehender einem Menschen helfen wollen, der in einem Krankenhaus liegt, dann sehen Sie ihn geistig bitte niemals dort liegen, sondern sehen Sie ihn völlig geheilt und vital, irgendwo außerhalb dieser Institution, beispielsweise beim Spazierengehen. Damit helfen Sie ihm wirklich.

Sehen Sie ihn dagegen zerschunden und unfähig, sich zu bewegen im Krankenbett liegen, dann tun Sie ihm mehr Schlechtes als Gutes, vor allem dann, wenn er sich innerlich vielleicht selbst so sieht. Wenn Sie an Schmerzen und Leiden denken, dann festigen Sie diese doch nur noch mehr, weil Sie das, was Sie geistig sehen, zum »Hier und Jetzt« machen.

Wenn Sie bejahen, »mein Partner ist gesund, vital und voller Lebensfreude«, und Sie sehen ihn dabei völlig ausgezehrt im Bett liegend, dann wird sich immer, wenn zwei Meinungen einander konträr gegenüberstehen, die Kraft des inneren Bildes durchsetzen. Das ist so, und das wird immer so sein. Dieses Naturgesetz kümmert sich genausowenig wie jedes andere darum, ob Sie an es glauben oder nicht.

Füllen Sie sich und Ihre Lieben deshalb an mit lebengebenden Denkmustern, wenn Sie Erfolg im Leben haben wollen. Nur Ihre Meinung von sich selbst kann sich manifestieren; wenn Sie Gesundheit bejahen und sich selbst völlig gesund sehen, dann können alle anderen sich wünschen und bebildern, Sie mögen im Krankenhaus Ihr

Leben aushauchen. Diese anderen können Sie niemals aus der Bahn werfen, denn das ist das Schönste an den geistigen Gesetzen: Sie können nur dann negativ angewandt werden, wenn die betroffene Person sich mit demselben Denkschema identifiziert. Wenn Sie selbst sich aber gesund sehen, dann können viele andere Sie krank sehen; Sie werden trotzdem gesund bleiben. Unterstützen Sie jeden dabei, der sich selbst gesund sieht, indem Sie dasselbe Bild von ihm haben, dann verstärken Sie nämlich die Gesundheitsenergien ungemein.

Wenn 20 Menschen oder mehr einem Patienten lebensspendende Energie senden, dann kann es sein, daß sich der Kranke genau zu diesem Zeitpunkt, an dem an ihn gedacht wird, wesentlich besser fühlt, selbst wenn diese 20 Menschen Tausende von Kilometern entfernt diese Gedankenenergien vereinigen und aussenden; auch hierzu gibt es Forschungsergebnisse aus aller Welt.

Andere wiederum, die beispielsweise Spontanheilungen an Wallfahrtsorten erfahren, sind im Grunde schon auf der Anreise zu 80 Prozent geheilt, denn sie erwarten ja bereits geistig-bildlich die Heilung, und zwar ohne den geringsten Zweifel, ansonsten könnte es gar nicht funktionieren. Es wäre so, als ob Sie ein Auto anbinden und gleichzeitig auf Höchstgeschwindigkeit bringen wollen. Die Kraft des Autos ist komplett vorhanden, es muß nur noch das Seil, mit dem es gehalten wird, gelöst werden, damit Sie sich entfalten und ausdrücken können. Deshalb finden auch nicht allzu viele Wunderheilungen an Wallfahrtsorten statt, weil die wenigsten Menschen jenen unbedingten Glauben daran haben. Wenn auch nur ein Mensch auf dieser Welt irgendwann einmal eine Spontanheilung erfahren hat, dann kann dies jeder andere ebenso, weil es sich dabei immer um das ewig gültige Gesetz des Geistes handelt.

Wir Menschen sind mit unserem Geist in der Lage, Dinge zu tun, von denen wir heute noch gar nichts ahnen. Dr. Murphy berichtete mehrmals von verbrieften und nachweisbaren Tatsachen, die belegen, daß Menschen in der Lage sind, sich auf der Stelle zu dematerialisieren und Hunderte Kilometer weiter wieder zu rematerialisieren, und zwar so oft sie dies wollen. Wie gesagt, alles beweisbar, aber ich würde den Rahmen dieses Buches wirklich sprengen, wenn ich näher darauf eingehen würde. Ich wollte lediglich damit zum Ausdruck bringen, daß die meisten Menschen keine Ahnung haben, wozu sie mit ihrem Geist fähig sind.

Auf einem Selbsterfahrungsseminar lernte ich einmal einen jungen Mann kennen, der sich früher nur im Rollstuhl fortbewegte, was ihn seelisch sehr stark belastete. Um nun eine Aufgabe im Leben zu haben, ließ er sich zum Taubstummenlehrer ausbilden. Auch diese Aufgabe belastete ihn seelisch bald so stark, daß er selbst taubstumm wurde. Er war fast am Ende, als ihm – so ein »Zufall« – ein Freund das Buch von Dr. Murphy schenkte: »Die Macht Ihres Unterbewußtseins« (Ariston Verlag, Genf). Blitzschnell erkannte er, daß nur er es sein konnte, der für seine Miseren und Krankheiten verantwortlich zeichnet, und niemand anderes. Er sagte sich: »Was einmal geht, geht auch ein zweites Mal, nur muß ich jetzt in die andere Richtung denken!«

Der Wunsch nach Heilung war in ihm geweckt, und er begann, an sich und mit sich zu arbeiten. Er fertigte beispielsweise kleine Täfelchen mit selbsterdachten Sprüchen an, die er, ähnlich einem Rosenkranz, um ein Kettchen herum anordnete, und die er sich immer wieder selbst laut vorlas. Einer dieser Sprüche lautete: Wer zweifelt, verliert!

Zuerst kehrte sein Hör- und Sprachvermögen wieder voll

und ganz zurück, und durch diesen Erfolg gestärkt begann er, geistig und physisch mit seinen Beinen zu arbeiten und zu trainieren, bis sie wieder funktionierten und er den Rollstuhl nicht mehr brauchte. Der Heilungsprozeß zog sich natürlich über mehrere Jahre hin. Er sagte sich weiter: Wenn das alles funktioniert hat, dann schaffe ich auch noch mehr; und so begann er mit dem Training für den Langstreckenlauf. Als ich ihn im März des Jahres 1990 kennenlernte, nahm er den vierten Platz in der Weltrangliste im 24-Stunden-Marathon-Lauf ein. Er erkannte, als er Dr. Murphys Buch las, daß es seine Chance zur Umkehr war, und er nutzte sie ganz konsequent.

Was glauben Sie aber, wieviel innere »Schweinehunde« er überwinden und wieviel Anläufe er nehmen mußte, um dahin zu kommen, wo er heute steht? Nehmen Sie sich ihn zum Vorbild, dann kann Sie kein Hindernis mehr aufhalten, auch Ihren Weg erfolgreich zu gehen. Wenn Sie mit Ihrer geistigen Arbeit beginnen, seien Sie bitte sehr wählerisch darin, was Sie im Fernsehen oder Kino konsumieren. Achten Sie darauf, daß Sie viel zu lachen und wenig zu schaudern haben. Verzichten Sie möglichst ganz auf Horror- und Zombiefilme, auf brutale Actionthriller und alles, was Ihr Gefühl negativ beeinflussen könnte. Sie können Ihr Unterbewußtsein nicht einfach für einige Stunden in Urlaub schicken! Es ist ständig da, und es nimmt ständig auf, gleich einer Automatik. Nehmen Sie in diesen Stunden lieber ein Buch zur Hand oder gehen Sie mit Freunden essen oder ein Bier trinken.

Viele Menschen sehen gerne die XY-Sendungen von Eduard Zimmermann an. Ich möchte jetzt schon ganz ausdrücklich betonen, daß ich es sehr gut finde, wenn man auf diese Art und Weise Verbrechen aufklären kann; aber ich möchte in diesem Zusammenhang auch auf die Gefahren hinweisen, die damit verbunden sind. Ich kenne

Menschen, die gerade durch diese Sendung Monat für Monat ihre Furchtgedanken, die ohnehin schon sehr dominant in ihnen vorhanden sind, ständig verstärken und nähren. Sie lassen einbruchsichere Türen und Rolläden in Ihrer Wohnung installieren, und wenn sie abends das Haus verlassen, und es knackt in einem Busch am Wege, so sehen sie vor ihrem geistigen Auge sofort die Szene eines Überfalls oder einer Vergewaltigung vor sich, und Sie wissen ja, daß bereits in der Bibel steht: »Was ich gefürchtet habe, ist über mich gekommen!«

Unterstützt werden diese Tatsachen noch durch die Regenbogenpresse, die sich vornehmlich mit Mord und Totschlag, Krebs, Aids und allen möglichen Krankheiten beschäftigt. Der Leser schürt dadurch unbewußt seine Angst, daß auch ihn eines dieser schrecklichen Unglücke oder eine solche Krankheit einmal treffen könnte, und in vielen Fällen sind diese Menschen auch sehr »erfolgreich« mit ihrer geistigen Arbeit.

Ich möchte noch einmal betonen, ich greife hier nicht eine Fernsehsendung an, sondern ich warne nur vor den Auswirkungen, die daraus erwachsen können, wenn sich Menschen noch mehr ängstigen, als sie dies ohnehin tun. Beobachten Sie selbst einmal, wie lange Sie sich nach einer solchen Fernsehsendung geistig mit den gesehenen Szenen noch beschäftigen. Sie werden sicher feststellen, wie recht ich habe, wenn ich auf diese Gefahr ganz bewußt aufmerksam mache.

Die Arbeit mit den Subliminals

Subliminalcassetten (englisch »subliminal« = unterbewußt, unterschwellig) sind Tonbandcassetten, die in jedem gängigen Cassettenrecorder abgespielt werden können. Die Technik der Subliminals ist, einfach ausgedrückt, folgende: Sie hören etwa 25 Minuten lang eine beruhigende und entspannende Musik, die beispielsweise mit Vogelzwitschern oder Meeresrauschen untermalt ist. Was Sie nicht hören, sind die positiven Suggestionen, die auf dieses Band gesprochen sind. Sie sind auf einer Schwingungsfrequenz angeordnet, die das menschliche Ohr nicht wahrnimmt, und damit dringen sie, ohne eine Bewertung durch das bewußte Denken zu durchlaufen – das zu allem seinen Senf zu geben pflegt –, direkt ins Unterbewußte ein. Das Unterbewußtsein nimmt diese Suggestionen wahr, denn Ihr inneres Ohr hört auf einer ganz anderen Frequenz als Ihr physisches, und auf diesem Weg werden Sie ständig mit positiven Bejahungen gefüttert, ob Sie zu Hause, im Auto, im Urlaub oder auf einer Geschäftsreise sind.

Es mag sein, daß ich die Technik der Subliminals nur laienhaft wiedergegeben habe, aber ich hoffe, ich konnte mich verständlich ausdrücken. Wenn Sie mehr über Subliminals wissen möchten, so wenden Sie sich bitte an Verlag Edition Kraftpunkt Toni Fedrigotti, 86167 Augsburg.

Ich selbst höre täglich während meiner Imaginationen diese Cassetten, und dabei verfolge ich nicht nur den Zweck, daß ich während meiner Verbildlichung auch mit positiven Affirmationen versorgt werde, nein, ich werde dadurch von keinerlei Außengeräuschen irritiert, solange mich die Musik über den Kopfhörer berieselt.

Auf geht's – gleich beginnt das letzte, das elfte Kapitel – und die drei nun folgenden Arbeitsblätter sind die letzte Gelegenheit, um nochmals ganz intensiv ins »Tun« einzutauchen.

1. Arbeitsblatt

Name: _____ Datum: _____

Mein Ziel: _____

Warum möchte ich dieses Ziel unbedingt erreichen?

_____

_____

_____

_____

_____

_____

Was tue ich, um dieses Ziel auch sicher zu erreichen?

_____

_____

_____

_____

_____

_____

Wochenplan konsequent eingehalten: ____

»Ja, ich bin wirklich zum Erfolg geboren
– wie der Vogel zum Fliegen!«

2. Arbeitsblatt

Mein Wochenplan:

Monat: _____ Woche: _____ 199__

Tag	Affir-mation	Imagi-nation	Subli-minal	Endlos-band	Phantasie-reise	Spiegel-behandlg.	Son-stiges
Mo							
Di							
Mi							
Do							
Fr							
Sa							
So							

»Ich weiß: was einmal geht, das geht
immer wieder!«

3. Arbeitsblatt

Plananalyse: Was kann ich noch besser machen?

_____

_____

_____

_____

_____

_____

Notizen, Anregungen, Ideen

_____

_____

_____

_____

_____

_____

»Hör auf zu suchen, laß Dich finden!«

11. Kapitel

Im 11. Kapitel lesen Sie,

- was Erfolg genau ist

- daß alles schon immer und auf ewig bekannt ist

- über einen Club der Miesmacher

- was Sie tun sollten, wenn Sie arbeitslos sind

- wie man Vertrauen aufbaut

- wie man Schritt für Schritt vorgeht

- warum es wichtig ist, sich Ziele zu setzen

- warum es wichtig ist, sich selbst zu vertrauen

- warum es wichtig ist, nicht zu diskutieren

- warum Sie sich nicht verstecken sollten

Was ist Erfolg?

Was meinen Sie konkret, wenn Sie von Erfolg sprechen? Erfolg ist nämlich etwas sehr Relatives. Der eine, der beispielsweise ein steifes Bein hat, würde es als Erfolg bezeichnen, wieder richtig gehen zu können; ein anderer schlägt vielleicht einem Reporter ins Gesicht, weil dieser ihn befragt, warum er denn im olympischen Endlauf so schwach lief und nur den vierten Platz belegte. Das Wort »Erfolg« ist – einerseits auseinandergenommen, andererseits zusammengesetzt – das, was er-folgt, wenn man etwas Bestimmtes tut oder verursacht. Deshalb ist jeder Mensch erfolgreich, weil er im Verlauf seines Lebens reichlich Dinge tut, auf die etwas er-folgt. Ob positiver oder negativer Natur ist dabei völlig nebensächlich.

Wir Menschen geben aus unserer Sicht den Dingen und Umständen erst dadurch einen Namen oder eine Wertung, indem wir sie als positiv oder negativ einstufen. Jemand, der in seinem Leben von Pleite zu Pleite und von Mißerfolg zu Mißerfolg marschiert, erlebt das, was er-folgt aufgrund der von ihm gesetzten Ursachen und ist im Grunde ebenso erfolgreich wie sein Nachbar oder Kollege, der von Sieg zu Sieg oder von einem Geschäftsabschluß zum anderen läuft.

Es er-folgt also alles stets nur nach der Art des Samens, der ausgestreut wurde, und jeder Mensch auf dieser Welt, ob hier in der Bundesrepublik Deutschland, in Österreich, im fernen Neuseeland oder sonst irgendwo auf unserem Planeten, ist sein eigener Denker und Manager, der Erschaffer seiner eigenen Welt, der Gärtner seines eigenen Glücks.

Hören Sie deshalb sofort damit auf, die Schuld Ihrer eigenen hausgemachten Miseren, Probleme und Krankheiten auf andere zu schieben. Wechseln Sie einfach den Samen aus, und Sie werden damit die Art der Ernte verändern.

Ein Self-made-Millionär schiebt niemals seinen Erfolg auf andere. Nein, er klopft sich an die eigene Brust, wenn er nach seinem persönlichen Erfolgsrezept gefragt wird. Nur der Self-made-Versager sucht die Schuld stets bei den anderen. So ist es, und so wird es immer sein. Thomas A. Edison sagte, nachdem ihm seine Mitarbeiter zur Erfindung der Glühlampe gratulierten: »Ich habe gar nichts erfunden, meine Herren. Alles war längst schon da und hat lediglich in aller Gelassenheit darauf gewartet, von uns entdeckt zu werden!«

Alles ist schon immer bekannt

Alles ist schon immer und auf ewig vorhanden. Entweder als feinstoffliches Produkt im Geiste, das wir entdecken oder materialisieren müssen, oder bereits grobstofflich, greifbar, sichtbar, faßbar. Edison war ein sehr belesener und kluger Mann, denn er wußte um diese Dinge und nannte sie ungeschminkt beim Namen. Während Edison noch mit der Glühlampe experimentiert hat, haben die anscheinend so klugen Köpfe seiner Zeit ihrerseits sehr viel unnütze Energie darauf verschwendet, der Öffentlichkeit zu erklären, daß elektrisches Licht unmöglich herzustellen sei, und sie haben Edison verlacht und als Scharlatan und Blender abgestempelt.

Denken Sie an die Pioniere der Fliegerei, die Gebrüder Wright, oder die ersten Erfinder von Automobilen wie Gottlieb Daimler und Karl Benz. Sie sowie viele andere ihrer Kollegen wurden ausgelacht oder beschimpft, verspottet oder boykottiert bei ihrer Arbeit. Denken Sie an Jules Verne und an die Raketen, U-Boote und Flugzeuge, die er für seine Geschichten entwarf; auch ihn hat man für verrückt erklärt, aber all diese Menschen haben die Welt nachweislich und nachhaltig verändert, weil sie an sich, die Umsetzbarkeit ihrer Pläne und ihren Erfolg unbeirrt glaubten, im Gegensatz zu ihren Spöttern.

Wer lacht denn heute noch über Unterseeboote, Weltraumraketen, den Daimler-Benz-Konzern, die Glühlampe oder über Flugzeuge? Und doch unterscheiden sich viele Menschen unserer heutigen Zeit durch gar nichts von jenen Pessimisten, denn heute wie damals hat leider immer noch der Satz Gültigkeit: »Was nicht sein kann, das nicht sein darf.« Jesus Christus wurde ans Kreuz geschlagen, weil er die geistigen Gesetze predigte. Die Regierenden versuchten, ihn als Lügner hinzustellen, weil sie Angst hatten, ihre irdische Macht könne ihnen entgleiten.

Wir sollten deshalb endlich beginnen zu begreifen, daß unsere dreidimensionale Sicht der Dinge nicht die einzig gültige sein kann, und schon gar nicht die einzig richtige ist. Seien Sie offen für die Gesetze unseres Universums, dann wird auch Ihr Leben aufregender, erfüllter oder vielleicht auch reicher und glücklicher werden. Ich wünsche es Ihnen von Herzen – und auch Sie sollten dasselbe anderen wünschen; dies ist das beste Rezept, um Erfolg zu sich selbst heranzuziehen!

Der Club der Miesmacher

Ein Bekannter erzählte mir seine Lebensgeschichte: Er war ein erfolgreicher Autohändler, war clever und kannte sowohl die Branche als auch die Käufer recht gut. Über die Jahre hinweg war er finanziell unabhängig geworden, und so verkaufte er eines Tages seinen Autostandplatz, um sich etwas der Muße des Nichtstuns zuzuwenden. Jeden Morgen telefonierte er aus der Badewanne heraus stundenlang mit einem Freund, der seinerseits in derselben Situation war.

Nachdem beide dann sechs- oder siebenmal warmes Wasser nachlaufen ließen, um nicht zu frieren, und ihre Haut schon fast im Begriff war, sich aufzulösen, verabredeten sie sich für den Nachmittag, um gemeinsam in die Innenstadt zu fahren und mit den Kollegen der Zunft in einem bekannten Szene-Café zusammenzutreffen.

Dort waren jeden Nachmittag die Herren »Agenten«, die man schon am Outfit der Autos vor dem Café unschwer erkennen konnte, versammelt, um die neuesten Erfahrungen auszutauschen. Ständig, so erzählte er weiter, wurde immer wieder der gleiche negative Mist durchgekaut. Man wollte sich unbedingt gegenseitig beweisen, daß der Markt nichts mehr hergebe, weil man in dieser Branche nichts mehr verdienen könne, und überhaupt das Wetter, die Regierung und die Frauen heute nicht mehr das sind, was sie früher einmal waren.

Kaum einer wagte zu widersprechen und einen positiven Beitrag ins Gespräch zu bringen, denn erstens war man gerade so schön am schimpfen, und zweitens wäre er sofort von den anderen niedergemacht worden, denn positives Gedankengut war absolut nicht gefragt in diesem Kreis. Mein Bekannter berichtete weiter, daß auch er ständig in diese Kerbe hieb, dabei aber selbst immer mehr ins Grübeln kam und darüber nachdachte, was er sich denn mit dieser Haltung eigentlich antat. Er entschloß sich, diese Gesellschaft künftig zu meiden, denn er erkannte, daß es nicht die richtige Strategie auf seinem Weg zum Ziel sein konnte, weiterhin ein erfolgreicher Geschäftsmann zu bleiben. Auch die »Gammelei« stellte er daraufhin ein, weil er des weiteren erkannte, daß man eine Aufgabe haben und Herausforderungen annehmen muß, um im Leben weiterzukommen.

Dies waren auch die Gründe, warum er sich dazu entschloß, das Autogeschäft an den Nagel zu hängen und in die Baubranche zu wechseln, um dort nochmals von ganz unten anzufangen. Zum zweiten Mal in seinem Leben sprang er nun ins kalte Wasser, denn nachdem er mit 25 Jahren schon einer der jüngsten Betriebsleiter einer Maschinenfabrik war, reizte es ihn damals schon, Neuland zu erobern, und deshalb wechselte er — konsequent alle Brücken hinter sich abbrechend — in die Automobilbranche, in der er dann ebenfalls einer der Erfolgreichsten seiner Region wurde.

Nun erkundete er also die Baubranche aus der Sicht des Verkäufers, und wieder wurde er binnen weniger Jahre einer der Erfolgreichsten seiner Zunft, denn sein Selbstvertrauen und sein rasch angeeignetes Fachwissen, verbunden mit einem unbändigen Willen, Erfolg zu haben, waren die Garanten für diese Entwicklung. Sein Lebensmotto hat drei Stufen:

1. Suche nie die Schuld für etwas bei anderen, sondern stets nur bei dir.

2. Arbeite so lange, bis du alles erledigt hast, und nicht, bis der offizielle Feierabend gekommen ist.

3. Der Geist beeinflußt dein Leben, und nicht umgekehrt.

Er selbst ist in seinem Leben vielen Menschen begegnet

und versuchte, ihnen sein Erfolgsrezept weiterzugeben. Viele haben es versucht und nicht geschafft, weil sie nicht richtig zuhören konnten und glaubten, daß das Ei vielleicht doch klüger sein könne als die Henne.

Auch seine Vorgesetzten konnten schon damals – und oft auch heute noch – einfach nicht erkennen, welches Juwel sie im Safe hatten oder haben, dabei bräuchten sie nur sein Portemonnaie mit ihrem eigenen zu vergleichen. Dieser Mann erkannte in frühester Jugend, die er in sehr bescheidenen Verhältnissen zubrachte, daß man mit Willen und Vertrauen in seine eigene Kraft alles im Leben erreichen kann, was man will, und daß keinem, der an seine eigene Kraft glaubt und der vor allem seiner Intuition vertraut, Grenzen gesetzt sind.

Sind Sie arbeitslos?

Wenn Sie arbeitslos oder vielleicht nicht zufrieden in Ihrem Beruf sind und glauben, mehr zu können oder mehr wert zu sein, dann schimpfen Sie nicht im Chor mit den anderen auf Gott und die Welt, sondern aktivieren Sie Ihre geistigen Kräfte, die in Ihnen genauso perfekt vorhanden sind wie in jenem Bekannten von mir – der übrigens lediglich eine Volksschulbildung aufzuweisen hat –, und denken Sie an das, was Sie sich leisten könnten, wenn Sie es wirklich wollen. Sehen Sie sich in Ihrem geistigen Spielfilm bereits dort erfolgreich wirken, wo Sie einmal hin wollen, und durchleben Sie täglich einen zweimal 15minütigen Handlungsablauf vor Ihrem geistigen Auge. Interessieren Sie sich für das, was Sie weiterbringt und hören Sie auf, »gegen« etwas zu sein, auch wenn es sich dabei um die Schließung Ihres Betriebes handeln sollte. Seien

Sie für etwas, für Ihre Talente, Ihre Kraft, Ihre Neigungen und Ihren Mut.

Wenn Sie 50 Jahre oder älter sind, dann pfeifen Sie auf diejenigen, die Ihnen weismachen wollen, daß Sie zu alt sind, um einen neuen Arbeitsplatz zu finden. Lassen Sie sich dagegen von einem imaginären Chef sagen, wie sehr er einen so erfahrenen Mann, wie Sie es sind, gesucht hat, und gehen Sie gefühlsmäßig voll hinein in diese Imagination. Lesen Sie die Anzeigen in den Zeitungen und öffnen Sie sich neuen Ideen und neuen Branchen. Vielleicht können Sie auch eine selbständige Tätigkeit beginnen, die Sie aufleben und aufblühen läßt.

Gehen Sie hinaus und reden Sie mit erfolgreichen Menschen, lassen Sie sich bei einem Glas Bier oder einem Viertel Wein von diesen erzählen, wie sie es geschafft haben, dort zu sein, wo sie heute stehen. Haben Sie keine Angst davor, solche Menschen anzusprechen; Sie werden sehen, fast jeder wird geschmeichelt sein, wenn Sie ihn danach fragen, wie er erfolgreich wurde, denn darüber reden die meisten sehr gerne.

Eröffnen Sie beispielsweise ein Hunde- oder Katzenhotel oder generell eine Station für Tiere, deren Eigentümer auch gerne einmal Urlaub machen wollen. Dies wäre eine Marktlücke, von der ich mir vorstellen kann, daß sie für einen Tierfreund nicht nur sehr befriedigend, sondern auch sehr lukrativ sein kann. Seien Sie also kreativ und verlieren Sie sich nicht in Negativitäten. Reden Sie und denken Sie nach über das, was Sie weiterbringt, und nicht über das, was Sie noch tiefer in den Sumpf hineinzieht. Es nützt Ihnen wenig, wenn einmal auf Ihrem Grabstein steht: »Er war dagegen, und zwar sehr erfolgreich.«

Ob Sie Student, Rentner, Lehrling, Angestellter, Arbeiter oder Beamter sind, nur Sie allein bestimmen, wie erfolgreich und wie kreativ Sie sind. Schreiben Sie sich den Satz:

»Ich bin zum Erfolg geboren wie der Vogel zum Fliegen« in Ihr Stammbuch, und lesen Sie ihn, wenn nötig, 100mal am Tag. Irgendwann geht er Ihnen – und wenn es vielleicht fünf Jahre dauert – in Fleisch und Blut über. Wenn das einmal der Fall ist, können Sie nie mehr negativ, zerstörerisch und destruktiv denken.

Wenn Sie immer noch nicht überzeugt sind, dann denken Sie einmal darüber nach, daß das Prinzip des Wachstums in der ganzen Natur zu Hause ist, und auch Sie selbst sind nicht so klein geblieben, wie Sie es einst waren, als Sie den Mutterleib verließen. Sie mußten sich im Laufe Ihres Lebens vielem Neuen öffnen, ob gewollt oder ungewollt, und nun bekommen Sie die Möglichkeit, Ihr Leben in einem Maße in den Griff zu nehmen, wie Sie es sich schon immer ersehnten, ohne daß es viel Geld, Zeit oder Aufwand kostet. Geben Sie sich selbst die Chance, es könnte ja sein, daß Sie etwas daraus machen, so wie Millionen vor Ihnen, die heute auf der Sonnenseite des Lebens stehen.

Wichtig: Vertrauen aufbauen

Der Landwirt vertraut den Gesetzen des Wachstums, den Energien des Bodens und der Kraft der Saat. Er zweifelt nicht daran, daß Rüben wachsen, wenn er Rüben gesät hat. Im Gegenteil, er legt seine ganze Existenz, seine Familie und seinen Ruf vertrauensvoll in die Hände dieser Gesetzmäßigkeiten. Ohne Glauben und Vertrauen geht doch nichts auf dieser Welt. Wer als Versager denkt, der wird auch letztendlich versagen.

Als ich selbst in dieser Situation war, habe ich festgestellt, daß alles, von dem ich überzeugt war, es nicht entbehren zu können – wie Essen, Trinken und Kleidung –, auch immer vorhanden war. Das hingegen, von dem ich befürchtete, ich könnte es verlieren, verlor ich letztendlich auch. Heute glaube ich nichts, aber auch gar nichts mehr entbehren zu wollen, und das gleiche Gesetz, das damals im Minus für mich arbeitete, arbeitet jetzt im Plus, also im Positiven, und es sorgt jetzt – wie zuvor – auch dafür, daß alles funktioniert.

Sie können zum Beispiel daran glauben, sich anzustecken, wenn Sie mit jemandem zusammen sind, der die Grippe hat. Sie können aber auch glauben, nicht angesteckt zu werden. Angst ist das Gegenteil von Vertrauen. Beides, Angst und Vertrauen, sind aber die Elemente, nach deren jeweils stärkstem Impuls das Unterbewußtsein verwirklicht. Das Unterbewußtsein ist ewig; Wasser kann es nicht ertränken, Feuer kann es nicht verbrennen, und der Wind kann es nicht verwehen. Es beseelt den Menschen bei der Empfängnis im Mutterleib und löst sich vom Körper im Moment des Todes. Dr. Murphy bezeichnete diesen letzten Moment des irdischen Lebens auch als den Weitergang des Menschen in die nächste Dimension.

Nutzen Sie Ihren inneren Lebensberater, denn er wurde Ihnen dazu von einer unendlichen Intelligenz gegeben, damit Sie sich in Ihrem Leben selbst verwirklichen können. Erlernen Sie jetzt den Umgang damit, so wie Sie einst Gehen, Schreiben, Lesen, Schwimmen oder Treppensteigen erlernt haben. Auch damals erschien Ihnen alles am Anfang als sehr schwierig, und heute ist es seit langem eine Art zweite Natur von Ihnen. Und was ist denn die zweite Natur? Sie ist die Antwort Ihres Unterbewußtseins auf Ihr wachbewußtes Denken und Handeln.

Hierzu noch ein Beispiel: Wenn Sie heute anfangen wollen, das Skifahren zu erlernen und zu diesem Zweck eine Skischule aufsuchen, dann wird es zunächst einige Zeit dauern, bis Sie nach und nach mit der Technik des Skifahrens verschmelzen, und Sie werden am Anfang vielleicht mit schmerzenden Füßen und naßgeschwitztem Hemd auf der Piste stehen und diejenigen bewundern, die scheinbar mühelos an Ihnen vorbeiwedeln. Wenn Sie aber nach mehreren Skikursen und einigen Jahren Praxis es ebenso beherrschen, können Sie vielleicht nicht mehr verstehen, wie man sich als Anfänger so verkrampfen kann.

Danach könnten Sie getrost auch ein, zwei Jahre oder länger mit dem Skifahren aussetzen; wenn Sie wieder auf die Piste zurückkehren, so werden Sie nicht mehr von vorne beginnen müssen, sondern nach kurzer Eingewöhnung so elegant wie früher Skifahren, denn die Technik dieses schönen Sportes ist inzwischen schon eine Art zweite Natur für Sie geworden. Diese Technik ist dem Unterbewußtsein nach und nach eingetrichtert worden, und deshalb ist sie auch jederzeit wieder abrufbar.

Denken Sie an das Beispiel mit der Schallplatte oder dem Computer; beide können nur das einmal Gespeicherte wiedergeben. Wenn Sie Ihr Unterbewußtsein mit diesen lebengebenden Denkmustern anfüllen, dann kann das alte Denken in Ihnen nicht mehr die Oberhand gewinnen und Ihnen Armut, Krankheit und Miseren bescheren. Bleiben Sie deshalb so lange am Ball, bis Ihnen in Ihrer selbstgestellten Aufgabe, ebenso wie beim Skifahren, die Technik in Fleisch und Blut übergegangen ist.

Wenn Sie nun mit Ihrer geistigen Arbeit beginnen, dann seien Sie sich im klaren darüber, daß Sie zunächst nicht nur Neuland betreten, sondern daß Sie auch ständig mit Ihren eigenen Zweifeln und denen Ihrer Mitmenschen konfrontiert werden. Vielleicht geht es Ihnen auch einige Male so wie mir, daß Sie das Buch, das Sie gerade lesen, ab und zu am liebsten in die Ecke feuern wollen, weil sich anscheinend nichts bewegt. In diesem Fall setzen Sie einfach ein paar Tage aus und hören Sie ein wenig auf Ihr Gefühl. Seien Sie ganz sicher, es wird sich wieder bemerkbar machen, wenn Sie so weit sind, einen neuen Anlauf zu nehmen. Ich glaube, ich habe etwa 50mal von vorne begonnen, und trotzdem hinterläßt ein jeder Versuch seine Spuren in einem. Sie werden niemals derselbe »Unwissende« sein, der Sie vor Ihrem ersten Versuch einmal waren.

Wenn ich Ihnen noch einen guten Rat dazu auf den Weg geben darf, dann vielleicht diesen: Lesen Sie alles über dieses Thema, das Sie in die Hand bekommen können. Belegen Sie Vorträge und Seminare, bleiben Sie immer eng am Ball, dann wächst Ihr Interesse an diesen Dingen automatisch. Denken Sie immer daran, daß zuerst das Alte in Ihnen sterben muß, bevor das Neue anfangen kann, zu leben.

Ich gebe Ihnen im Literaturverzeichnis am Ende des Buches noch eine Reihe von Buchtiteln mit auf den Weg, mit denen Sie anfangen können zu arbeiten. Je nach dem, wie wißbegierig Sie sind, ergibt sich das Weitere ganz von selbst.

Da jeder Autor und jede Autorin eigene Ansichten und Interpretationen haben, sollten Sie diejenigen für sich herauspicken, die Sie am meisten ansprechen. Auf jeden Fall sollten Sie anfangs Bücher verschiedener Autoren lesen, um ein möglichst großes Spektrum von Ansichten kennenzulernen. Denken Sie aber immer daran, daß Ihr ganzes theoretisches Wissen für die Katz ist, wenn Sie nicht praktisch damit arbeiten, denn nur auf diesem Gebiet können Sie wachsen.

Ich kenne Menschen, die es nur darauf abgesehen haben, andere zu täuschen. Sie reden wie ein Pastor, tun wie ein Heiliger und plaudern im Grunde genommen nur Gelesenes nach. Wenn Sie einen solchen Scharlatan dann einmal in einer Streß-Situation erleben, werden Sie wahrscheinlich ein wenig erschrecken, wie schnell das aufgelegte »Rouge« wieder abfällt. Ich selbst habe mich auch schon von solchen Blendern täuschen lassen. Je mehr man aber mit solchen Menschen zusammenkommt, desto weniger können sie ihr aufgesetztes Gesicht wahren, und das ist oft der Grund, warum sie sich ihrerseits dann auch wieder sehr schnell von Ihnen zurückziehen, denn eines können diese Leute absolut nicht ertragen, nämlich von jemandem durchschaut zu werden. Seien Sie besonders vorsichtig vor solchen Frauen und Männern, die immer nur über konstruktives Denken reden, selbst aber keine Erfolge vorweisen können.

Wenn Sie mehrere Gleichgesinnte finden, und das werden Sie im Laufe der Zeit automatisch, dann treffen Sie sich am besten gegenseitig, um Erfahrungen, Bücher und Cassetten auszutauschen. Diese Treffen sollten jedem Teilnehmer etwas bringen, und deshalb achten Sie darauf, daß auch alle einen Beitrag dazu leisten. Seien Sie aktiv und offen für neue Eindrücke und vergessen Sie nicht, dieses Wissen auch zu leben. Versteifen Sie sich nicht auf einmal gewählte Verbildlichungen und Bejahungen, seien Sie offen und bereit, Veränderungen einzubauen. Mit dem bloßen Wollen erreichen Sie gar nichts. Gehen Sie aus, amüsieren Sie sich, aber vermeiden Sie es, Ihr Wissen in Discos oder Stammkneipen zu diskutieren.

Wenn Ihre geistige Arbeit zwischen drei und fünf Prozent Ihres Arbeitstages ausmacht, so ist das genug. Wie gesagt, Beruf, Freizeit und Sport sollten deshalb keinesfalls zu kurz kommen. Nehmen Sie auch nicht gleich alles so tierisch ernst, das Leben ist ein Spiel, und daran sollten Sie sich selbst immer wieder erinnern, wenn Sie einmal etwas mit Gewalt erreichen wollen.

Jeder erhält immer nur das, was er erwartet – und nicht

das, was er will. Daran sollten Sie stets denken. Man verrennt sich anfangs sehr schnell in etwas, wenn man mit diesem Gedankengut zu arbeiten beginnt. Sie müssen zwar schon etwas wollen, dies aber dann nicht Ihrem Bewußtsein vorlegen, sondern Ihrem Unterbewußtsein, nur dann sind Sie auf dem richtigen Weg. Sie werden schon bald ganz genau erkennen, was ich damit meine. Sobald Sie auch nur einen Anflug von Ungeduld spüren, so nehmen Sie das gleich zum Anlaß, Ihre Geduldsfähigkeit darauf zu prüfen, ob Sie etwas erwartungsvoll über den Weg »Imagination« abwarten können, oder ob Sie es mit zusammengebissenen Zähnen jetzt und sofort haben wollen. Wenn letzteres der Fall ist, dann passiert meist das Gegenteil dessen, was Sie wollen. Lassen Sie dann einfach ein paar Tage lang los und konzentrieren Sie sich auf etwas vollkommen anderes, denn sonst befinden Sie sich auf dem besten Weg in die falsche Richtung.

Wichtig: Schritt für Schritt vorgehen

Machen Sie einen Schritt nach dem anderen. Ein kleines Kind, das laufen lernt, fällt auch noch oft hin, aber es rafft sich immer wieder zu einem neuen Versuch auf. Es freut sich königlich, wenn ihm die ersten staksigen Schritte gelingen, sobald es aber beschleunigt, fällt es wieder hin. Und trotzdem steht es immer wieder unverdrossen auf. Das Hinfallen wird zwar mit der Zeit immer seltener, aber bis zum vierten oder fünften Lebensjahr kommt hier und da ein Sturz allemal vor. Genauso sollten Sie es auch mit Ihrer geistigen Arbeit halten: *»Aufstehen und Weitermachen«* lautet die Devise. Wenn sich die ersten Erfolge schon binnen weniger Wochen einstellen, dann ruhen Sie sich bitte nicht auf Ihren Lorbeeren aus, sondern bleiben Sie ständig weiter am Ball, denn das neue Denken muß jetzt mehr denn je gefestigt und verankert werden, wenn es in der Zukunft Bestand haben soll.

Wichtig: Ziele setzen

Setzen Sie sich ganz zu Anfang und natürlich auch später noch Ziele, wie lange und zu welcher Tageszeit Sie Ihre Übungen anwenden und durchhalten wollen. Ich erinnere Sie nochmals daran: 30 Minuten pro Tag, ein halbes Jahr lang, bringen schon sehr viel. Wenn Sie sich dann noch jedes Wochenende zirka ein bis zwei Stunden mittels entsprechender Literatur ständig selbst von neuem überzeugen, wie notwendig Ihre Arbeit mit sich selbst ist, so können Sie das leicht und mühelos durchhalten.

Wenn Sie ein Problem haben und sich gerade dabei ertappen, wie Sie anderen wieder einmal die Schuld dafür zuschieben wollen, dann treten Sie einfach vor einen Spiegel, damit Sie deutlich und greifbar sehen, wer in Wirklichkeit der Verursacher dieses Problems ist. Überhaupt sollten Sie sich selbst gegenüber sehr ehrlich sein, wenn Sie rasch und entscheidend weiterkommen wollen, und stehen Sie zu Ihren Fehlern – auch anderen gegenüber.

Wenn Sie eine Verabredung hatten und zu spät gekommen sind, weil Sie den Termin nicht mehr genau wußten, dann geben Sie dies zu und schieben Sie es nicht auf Ihre Frau, die zu spät vom Einkaufen zurückgekommen ist, oder darauf, daß Sie Ihr Kind nicht alleine lassen konnten. Vergessen Sie die Ausreden mit dem Stau auf der Autobahn. Stellen Sie sich hin und sagen Sie, was los war, ohne

Schminke und Verkleidung. Dies ist der beste Weg, zu lernen, sich selbst wieder aufrichtig in die Augen sehen zu können.

Niemand auf der Welt ist genauso geschaffen, wie Sie es sind. Und deshalb akzeptieren und lieben Sie sich zunächst einmal selbst; erst dann können Sie jeden anderen Menschen auf der Welt auch akzeptieren und lieben. Daher ist die beste Grundvoraussetzung, sich selbst gegenüber absolute Ehrlichkeit walten zu lassen, weil dies wiederum die beste Basis dafür ist, absolute Ehrlichkeit auch anderen entgegenzubringen.

Wichtig: Sich selbst vertrauen

Nochmals: Es ist sehr wichtig, daß Sie beispielsweise eine Bejahung vor dem Spiegel sprechen, damit Sie wieder lernen, sich selbst vertrauen zu können. Haben Sie mit sich selbst, aber vor allen Dingen mit Ihren Kindern oder Ihrem Ehepartner Geduld. Selbst wenn Sie das konstruktive Denken bereits gut umsetzen können, spielen Sie bitte nicht den Schulmeister anderen gegenüber. Jeder Mensch hat seinen eigenen Rhythmus und sein eigenes Tempo. Wenn Sie jemanden belehren oder aufrütteln wollen, dann bleiben Sie damit bei sich und Ihrer Person, in Ihnen ist ganz bestimmt noch ein sehr großes Feld, das Sie bearbeiten können.

Missionieren Sie nicht, das heißt, drängen Sie sich mit dieser Philosophie niemandem auf. Nicht jeder will etwas davon wissen, auch wenn Sie selbst davon überzeugt sind, daß derjenige es dringend brauchen könnte.

Sie müssen auch niemandem etwas beweisen, um ernst genommen zu werden. Schauen Sie immer zuerst auf sich selbst, und lassen Sie den Schul- und Lehrmeister in der Schublade. Der Mensch neigt oft dazu, erworbenes Wissen an die große Glocke zu hängen.

Ich habe anfangs versucht, Freunde oder Bekannte für die Ideen des konstruktiven Denkens zu gewinnen – mit dem Erfolg, daß ich ausgeliehenes Lesematerial oft nicht mehr zurückbekam.

Deshalb lernen auch Sie aus diesen Fehlern und versuchen Sie niemals, jemanden von etwas zu überzeugen, worin Sie selbst noch nicht sattelfest sind, denn eine daraus resultierende Diskussion würden Sie wahrscheinlich als zweiter Sieger hinter sich lassen.

Wichtig: Nicht darüber diskutieren

Wenn Sie zum Beispiel ein Beet mit Kopfsalat gepflanzt haben und die ersten grünen Blätter ganz schüchtern aus der Erde schauen, dann achten Sie doch sehr aufmerksam darauf, daß niemand mit schweren Gummistiefeln auf Ihren zarten Pflänzchen und dem Beet herumtrampelt und somit die Arbeit von Stunden in Sekundenschnelle vernichtet. Ähnlich ist es mit diesen Diskussionen. Sie, der Sie vielleicht schon einige gute Erfahrungen mit dem positiven Denken gemacht haben, sind dann mit jenem Hobbygärtner vergleichbar, der ein Salatbeet anpflanzt. Die anderen, die darauf herumtrampeln, sind Ihre Freunde oder Bekannten, die nichts von dieser geistigen Kraft wissen und Sie ständig auf den sogenannten »Boden der Tatsachen« zurückholen wollen. Meist versuchen diese Freunde noch, Sie vor solchem »Humbug« zu schützen und liefern viele Argumente dagegen, die Sie eventuell nicht alle entkräften können, deshalb selbst wieder ins

Zweifeln kommen und dadurch um Monate in Ihrer Arbeit und Ihrem Bemühen, Ihr Denken und Handeln zum Positiven zu verändern, zurückgeworfen werden.

Wichtig: Sich nicht verstecken

Dies heißt aber alles nicht, daß Sie sich verstecken und mit Ihrem Wissen hinter dem Berg halten müssen. Es bedeutet nur, daß Sie sich nicht in den Vordergrund drängen sollen. Selbstverständlich sollen Sie das auch vertreten, was Sie tun. Allerdings nur dort, wo Sie sicher sind, daß man Sie ernst nimmt. Mit der Zeit werden Sie feststellen, daß Sie mit immer mehr und immer neuen Menschen zusammenkommen, die sich in die gleiche Richtung entwickeln wie Sie, und mit denen Sie sich auch austauschen und unterhalten können. Auf diese Weise lernen Sie, in zwei verschiedenen Welten zu leben, denn auch das gehört dazu, wenn man sich weiterentwickelt.

Wenn ich beispielsweise nach dem Tennis-, Tauch- oder Fußballtraining mit meinen Sportfreunden zusammen bin, dann ist dies eine Seite; wenn ich mich mit Freunden aus den Seminaren treffe, die andere Seite. Ich habe erkannt, daß, wenn ich mich mit Erstgenannten unterhielt, es genauso wichtig ist, aufgeschlossen, lustig und gesellig zu sein, wie es andererseits wichtig ist, an sich selbst zu arbeiten.

Ich bin mir aber ganz sicher, daß auch Sie mit der Zeit Ihren eigenen Weg finden werden. Wichtig ist vor allem, Mensch zu bleiben und das zu nutzen, was uns als »Homo sapiens« zur Verfügung steht: sowohl geistige als auch weltliche Dinge. Bleiben Sie sich selbst treu und arbeiten Sie auf dieser Grundlage mit dem, was Sie jetzt wissen.

Dann haben Sie die besten Voraussetzungen, einmal sehr erfolgreich zu werden, ob im Beruf oder Privatleben.

Geben Sie niemals auf, ein Sieger macht so etwas nicht. Sie aber sind als Sieger geboren, denn – erinnern Sie sich – bei Ihrer Zeugung machten schon Millionen Samenzellen einen Wettlauf, und jene, aus der Sie einst hervorgegangen sind, hatte damals als die Schnellste und Cleverste den Sieg davongetragen. Dies sollte Ihnen den Mut und die Motivation geben, dort wieder anzuknüpfen und Ihnen gleichzeitig auch Verpflichtung sein, das damals Begonnene erfolgreich weiterzuführen.

Auf Ihrem Weg begleiten Sie meine besten Wünsche, verbunden mit der Hoffnung, daß ich Ihnen mit meinem Buch einfache und nachvollziehbare Techniken an die Hand geben konnte, die jene Resultate hervorbringen, die Sie sich von ganzem Herzen wünschen.

Alles Gute auf Ihrem Weg in eine glückliche, gesunde und erfolgreiche Zukunft wünscht Ihnen Ihr Peter Kummer.

Begriffserläuterungen

Affirmation: Bejahende, zustimmende, bekräftigende Aussage.

Astralreisen: Reisen mit dem dem irdischen Leib innewohnenden Ätherleib.

Bejahung: Deutsches Wort für Affirmation, zustimmende, bekräftigende Aussage.

Bildschirm des Raumes: Die äußere, reale, physische Welt.

Blockaden: Physisch verursachte Störfaktoren, die sich im Körper festsetzen.

Destruktiv (denken): Zerstörend, bösartig, zum Verfall führend.

Enthusiasmus: Leidenschaftliche Begeisterung, Schwärmerei.

Imagination: Phantasie, Einbildungskraft, bildhaft anschauliches Denken.

Innerer Bildschirm: Geistiges Auge, Vorstellungskraft im Inneren.

Karma: Im Buddhismus das die Form der Wiedergeburten eines Menschen bestimmende Handeln beziehungsweise das durch ein früheres Handeln bedingte gegenwärtige Schicksal.

Kollektives Unbewußtes: Auch Akasha-Chronik genannt, Sammel-becken des Wissens, der Erfahrungen und der Überzeugungen aller Menschen, die jemals gelebt haben.

Konstruktives Denken: Gezielte Vorstellung einer gewünschten Situation beziehungsweise Handlung im Geiste. Nach dem Motto: »Denken sollst du an, was noch nicht ist, damit es werde!« (Elisa-beth Haich)

Lichtmeditation: Verbildlichung der Aura (Energiefeld) des Men-schen als ihn umgebendes elektromagnetisches Lichtfeld während der Meditation. Körper verwandelt sich imaginär in Lichtfeld.

Lotussitz: Sitzhaltung, bei der die Oberschenkel gegrätscht sind und die Füße über Kreuz auf den Oberschenkeln liegen.

Manifestation: Das offenbare Sichtbarwerden, Erkennbarwerden.

Manipulation: Bewußter und gezielter Einfluß auf Menschen ohne deren Wissen, absichtliche Verfälschung von Informationen.

Mental: Die Geistesart, die Psyche oder das Denkvermögen betref-fend.

Neurolinguistische Programmierung: Einerseits Methodik zum Her-ausfinden und Aneignen der wesentlichen Komponenten effektiven Denkens und Handelns (Modelling), andererseits eine mittlerweile stattliche Sammlung höchst wirksamer Kommunikations- und Ver-änderungstechniken, die Produkte (Modelle) des Modellings.

Okkultismus: Eigentliche Bezeichnung für verborgenes und gehei-mes Gedankengut, allgemeiner Oberbegriff für die geistige Esote-rik, Magie, Mystik, Theosophie, Spiritismus.

Phantasiereisen: Innerliches Erlebnis, Reise oder Spaziergang mit Hilfe der Vorstellungskraft.

Philosophie: Forschendes Fragen und Streben nach Erkenntnis des

226

letzten Sinnes, der Ursprünge des Denkens und Seins, der Stellung des Menschen im Universum, des Zusammenhanges der Dinge in der Welt.

Präkognition: Bestimmte Dinge voraussehen.

Spiegelbehandlung: Suggestion, laut und vernehmlich dem eigenen Spiegelbild vermittelt.

Subliminals: Unbewußt, unterschwellig vermittelte Botschaften.

Visionen: Vorstellung eines in bezug auf die Zukunft entworfenen Bildes, Erscheinung vor dem geistigen Auge.

Visualisieren: Eine Form geistiger Konzentration, sich etwas bildlich vorzustellen und über längere Zeit so deutlich wie möglich zu machen.

Wachträume: Visualisieren mit geschlossenen oder auch geöffneten Augen.

Fremdworte

Artikulieren: Laut, deutlich aussprechen.

Homo sapiens: Wissenschaftliche Bezeichnung für den Menschen.

Intuition: Das unmittelbare, nicht diskursive, nicht auf Reflektion beruhende Erkennen, Erfassen eines Sachverhaltes oder komplizierten Vorganges, Eingebung, ahnendes Erfassen.

Ignoranz: Abwertend, Unwissenheit, Dummheit.

Permanent Residence: Ständige Aufenthaltsgenehmigung.

Literaturhinweise

Andrews, L.: »Die Jaguarfrau«, Sphinx Verlag, Basel.
—: »Die Kristallfrau«, Sphinx Verlag, Basel.
—: »Die Sternenfrau«, Sphinx Verlag, Basel.
—: »Die Medizinfrau«, Sphinx Verlag, Basel.
—: »Der Flug des siebten Mondes«, Sphinx Verlag, Basel.
Dr. Beierle, H.: »Eine Idee, deren Zeit gekommen ist«, Phillip Schatz Verlag, München.
—: »Du bist die Nr. 1«, Phillip Schatz Verlag, München.
Birkinshaw, E.: »Denken Sie sich schlank«, Ariston Verlag, Genf.
Börner-Kray, B.: »Der geistige Weg«, Peter Erd Verlag, München.
—: »Pfade der Seele«, Peter Erd Verlag, München.
—: »Wege zur Einweihung«, Peter Erd Verlag, München.
—: »Licht ist überall«, Peter Erd Verlag, München.
—: »Wassermannzeitalter«, Peter Erd Verlag, München.
—: »Nur die Seele kennt die Wahrheit«, Peter Erd Verlag, München.
Bradshaw, J.: »Das Kind in uns«, Droemer-Knaur, München.
Carnegie, D.: »Sorge Dich nicht, lebe!«, Scherz Verlag, München/Wien.
—: »Wie man Freunde gewinnt«, Scherz Verlag, München/Wien.
—: »Rede«, Verlag Lebendiges Wort GmbH.
Dr. Curtis, D.: »Die magischen Kräfte Deines Unterbewußtseins«, Peter Erd Verlag, München.
Davis, R.: »So kannst Du Deine Träume verwirklichen«, Verlag CSA, Friedrichsdorf.

228

Fox, E.: »Die Kraft der universellen Energie«, Peter Erd Verlag, München.

–: »Die Bergpredigt«, Frick Verlag, Pforzheim.

–: »Das mentale Äquivalent«, Frick Verlag, Pforzheim.

Freitag, E.: »Kraftzentrale Unterbewußtsein«, Goldmann Verlag, München.

–: »Die Macht Ihrer Gedanken«, Goldmann Verlag, München.

–: »Hilfe aus dem Unbewußten«, Goldmann Verlag, München.

–: »Erkenne Deine geistige Kraft«, Goldmann Verlag, München.

Gawain, S.: »Im Garten der Seele«, Heyne Verlag, München.

–: »Leben im Licht«, Heyne Verlag, München.

–: »Stell Dir vor«, Sphinx Verlag, Basel.

Griscom, Ch.: »Die Heilung der Gefühle/Angst ist eine Lüge«, Goldmann Verlag, München.

–: »Zeit ist eine Illusion«, Goldmann Verlag, München.

–: »Meergeboren«, Goldmann Verlag, München.

–: »Frequenz der Ekstase«, Goldmann Verlag, München.

Haich, E.: »Einweihung«, Drei Eichen Verlag, Ergolding.

Hill, N.: »Denke nach und werde reich«, Ariston Verlag, Genf.

–: »Erfolg durch positives Denken«, Ariston Verlag, Genf.

Holmes, E.: »Vollkommenheitslehre«, Verlag CSA, Friedrichsdorf.

–: »Der Schlüssel zu Deinem wahren Wesen«, Verlag CSA, Friedrichsdorf.

–: »Der Schlüssel zum wahren Leben«, Verlag CSA, Friedrichsdorf.

–: »Das hilft mir heute«, Verlag CSA, Friedrichsdorf.

Kirschner, J.: »So lernt man, sich selbst zu lenken«, Droemer-Knaur Verlag, München.

–: »Die Kunst, ein Egoist zu sein«, Droemer-Knaur Verlag, München.

McLaine, S.: »Zwischenleben«, Goldmann Verlag, München.

–: »Zauberspiel«, Goldmann Verlag, München.

–: »Tanz im Licht«, Goldmann Verlag, München.

–: »Die Reise nach Innen«, Goldmann Verlag, München.

McLean, P.: »Kontakte mit Deinem Schutzgeist«, Peter Erd Verlag, München.

Moody, R.: »Leben vor dem Leben«, Rowohlt Verlag, Reinbek.

–: »Leben nach dem Tod«, Rowohlt Verlag, Reinbek.

—: »Das Licht von Drüben«, Rowohlt Verlag, Reinbek.

Dr. Murphy, J.: »Die Geheimnisse des I-Ging«, Ariston Verlag, Genf.

—: »Die Macht Ihres Unterbewußtseins«, Ariston Verlag, Genf.

—: »Energie aus dem Kosmos«, Ariston Verlag, Genf.

—: »Die Gesetze des Denkens und Glaubens«, Ariston Verlag, Genf.

—: »Das Wunder Ihres Geistes«, Ariston Verlag, Genf.

—: »Das Superbewußtsein«, Peter Erd Verlag, München.

—: »ASW – Ihre außersinnliche Kraft«, Peter Erd Verlag, München.

—: »Dein Recht auf Glück«, Herbig Verlag, München.

Orban, P.: »Verborgene Wirklichkeit« (mit Cassettenprogramm), Hugendubel Verlag, München.

Peale, N. V.: »Die Kraft des positiven Denkens«, Ösch Verlag, Thalwiel/Zürich.

—: »Die Wirksamkeit positiven Denkens«, Heyne Verlag, München.

Ponder, C.: »Die dynamischen Gesetze des Reichtums«, Peter Erd Verlag, München.

—: »Bete und werde reich«, Peter Erd Verlag, München.

Roberts, J.: »Gespräche mit Seth«, Ariston Verlag, Genf.

Schneider, R.: »Geistes-gegenwärtig leben«, Verlag CSA, Friedrichsdorf.

Silva, J.: »Die Silva-Mind-Methode«, Heyne Verlag, München.

—: »Silva-Mind-Control«, Heyne Verlag, München.

Spalding, B.: »Leben und Lehren der Meister im Fernen Osten«, Band 1–5, Drei Eichen Verlag, Ergolding.

Wilde, S.: »Wunder 2«, Undine Verlag, München.

Wilhelm, R.: »I-Ging«, Eugen Diederichs Verlag, München.

Auch für Kinder geeignete Bücher

Bach, R.: »Die Möwe Jonathan«, Verlag Ullstein GmbH, Berlin.

de Saint-Exupéry, A.: »Der kleine Prinz«, Karl Rauch Verlag.

Empfohlene Subliminalcassetten

Freitag, Erhard F.: 101 »Konzentration«, 102 »Angstfrei Leben«, 103 »Frei von Streß«, 104 »Selbstbewußtsein«, 105 »Liebe und Partnerschaft«, 106 »Schlanksein«, 107 »Selbstheilung«, 108 »Ruhig schlafen«, 109 »Wohlstand«, 110 »Erfolg«, 111 »Positiv Denken«, 112 »Nichtraucher«, 113 »Frei von Nervosität«, 114 »Der Weg zu Gott«, 115 »Bewußt Leben«, 116 »Entspannung«, 117 »Gebete«, 118 »Glücklich sein«, 119 »Selbsterkenntnis«, 120 »Kraftquelle Unterbewußtsein«, 121 »Frei von Schuldgefühlen, 122 »Spirituell Erwachen«, Verlag Edition Kraftpunkt, Toni Fedrigotti, Augsburg.

Alles ist möglich, denn nichts ist unmöglich

Diesen Grundsatz zur Basis Ihres Lebens zu machen, ist das Ziel unseres Aktiv-Seminars. Dies heißt für uns in erster Linie: *Selbsterkenntnis und Selbstbestimmung.*

Wir verstehen unter *Selbsterkenntnis:*

Freiwerden von alten Verhaltensmustern.

Freiwerden von selbstauferlegten Grenzen, die uns, ohne daß uns dies bewußt ist, in unserer Selbstentfaltung behindern.

Mit dem Wegfallen dieser Grenzen ist der Weg frei zum Erfolgreich-Sein.

Selbstbestimmung heißt:

Ausweitung des Selbst, in jedem gewünschten Lebensbereich, ob Gesundheit, Reichtum, Erfolg, Harmonie, Partnerschaft, Glück, Liebe, Wohlstand u. v. m.

Freiwerden heißt nach unserem Verständnis:

Keine Fremdbestimmung, auch nicht durch die Seminarleitung, sondern lediglich Anleitung.

Du kannst dein Leben nicht verlängern noch verbreitern, nur vertiefen.

Bewußte Gedankenkontrolle und Steuerung, zielgerichtete Meditation, Affirmation, Imagination und Suggestion sind die Bausteine für ein erfolgreiches Leben ohne Ängste und Befürchtungen.

Ihr Trainer-Team:

Peter Kummer   *Monika Junghanns*

Seminare in Kalifornien

Wir veranstalten im Herbst 1994 im Golf-Mekka Amerikas, dem Hyatt-Grand-Champion-Hotel in Indian Wells (Süd-Kalifornien), ein 7tägiges Vortragsseminar, wie es bisher noch nie dagewesen ist. Ich habe für dieses Seminar die Crème de la Crème der amerikanischen »New-Thought«-Autoren gewinnen können. Es werden aller Voraussicht nach Vorträge halten:
Dr. Donald Curtis, Dr. Tom Costa, Dr. Catherine Ponder, Tom Johnson, Sig Paulsen sowie die Witwe von Dr. Joseph Murphy, Dr. Jean Murphy.
Alle diese großen Amerikaner haben zusammen weltweit über 20 Millionen Bücher verkauft. Erleben Sie täglich von 9.00 Uhr bis 12.30 Uhr Amerikas Schriftstellerelite des Neuen Bewußtseins live – simultan übersetzt vom ehemaligen Tagesschausprecher und »New-Thought«-Experten Manfred G. Schmidt.
Genießen Sie die Nachmittage am Pool oder beim Ballonflug über die kalifornische Wüste. Spielen Sie auf den zwei Championship-Golf-Courts (36 Loch) eine Partie Golf – insgesamt gibt es 97 Golfplätze um Indian Wells. Vielleicht haben Sie Lust, auf den Spuren von Steffi Graf oder Boris Becker zu wandeln, denn zur Anlage des Hyatt-Hotels gehören auch die Tennisplätze und der Center-Court, auf dem die internationalen Tennismeisterschaften von Indian Wells ausgetragen werden.
Verlängern Sie, wenn Sie wollen, ihren Urlaub im Hyatt-Hotel oder buchen Sie noch ein paar Tage in San Diego, Palm Beach oder Los Angeles.
Wenn auch Sie bei dieser Veranstaltung dabei sein wollen, fordern Sie bitte gleich mit der beiliegenden Postkarte Informationsmaterial an bei:
Peter Kummer, Taschenweg 34, D-75223 Niefern-Öschelbronn 1.
Das erste Seminar findet vom 7. bis 14. 11. 1994 statt.
Achtung: Begrenzte Teilnehmerzahl!

Bestell-Coupon

für einen kostenlosen
Seminarprospekt

»Nichts ist unmöglich«

Bitte in Brief einsenden an:
Peter Kummer
Taschenweg 34
D-75223 Niefern-Öschelbronn 1

✂

Bestell-Coupon

für die Veranstaltungsunterlagen
Hyatt-Grand-Champion-Seminar
Indian Wells, Kalifornien

Bitte in Brief einsenden an:
Peter Kummer
Taschenweg 34
D-75223 Niefern-Öschelbronn 1

Bitte überlassen Sie mir kostenlos Unterlagen
über Ihre Drei-Tages-Aktiv-Seminare

»Nichts ist unmöglich«

_____

Name

_____

Straße

_____

PLZ / Ort

_____

Datum   Unterschrift

Bitte überlassen Sie mir kostenlos das Informationsmaterial
und die Preise für Ihre

Hyatt-Grand-Champion-Seminare

_____

Name

_____

Straße

_____

PLZ / Ort

_____

Datum   Unterschrift

Alles ist möglich!

Für Ihre Wünsche, Visionen, Ziele und für Ihr „Tun" ist der MOTI·PLANER ein motivierendes „Tagebuch", Terminplaner und die beste Ergänzung zum Arbeitsbuch.

Übertragen Sie Ihre persönlichen Notizen, Aktivitäten und Ziele aus dem Arbeitsbuch direkt in den MOTI·PLANER. Haben Sie Mut zum Tun - und alles ist möglich.

Der MOTI·PLANER „motiviert" Sie dabei.

Informationen anfordern bei:

MØTI·PLANER®

D-35683 Dillenburg · Oranienstr. 9/1
Tel. (0 27 71) 2 38 90 · Fax (0 27 71) 2 10 23

MINDY.

Damit Sie Ihre Vision durch den Alltag tragen !

Wirklichkeit werden nur die Wünsche, Sehnsüchte und Visionen, die 'brennen' in unserem Denken und Fühlen. Wie tief der Glaube an ihre Realisierung verankert ist, erfahren wir erst im Alltag.
Wenn Zweifel plagen, Probleme und Streß uns die Sicht nehmen.
Dann ist es gut einen Begleiter bei sich zu haben.
Einen MINDY.

MINDY meldet sich in unregelmäßigen Abständen, überraschend, zufällig mit einem Ton. Er erinnert uns daran, unsere Wünsche und Visionen zu imaginieren. Er regt an kurz inne zu halten, in uns zu schauen.
'Wer bin ich', 'Was tue ich', 'Wie denke ich'.

MINDY.
Zuverlässige Elektronik gepaart mit Ästetik.
Verarbeitet in Holz und Leder.
Zum Anfassen, Anschauen und Mitnehmen.

MINDY. Der Begleiter zum 'Er - Innern'.

assmann prodio M
Mensch + electronic + design
Lindenauer Straße 315
D-98663 Heldburg   Fon/Fax 036871-9114

*Die Sensation:
Unveröffentlichtes
aus dem Nachlaß
des großen
Lebenslehrers
Dr. Joseph Murphy*

Dr. Joseph
MURPHY
**Dein Recht
auf Glück**
Lesebuch des
positiven Denkens

HERBIG

Erstveröffentlichung

Herbig

Auch 12 Jahre nach dem Tod von Dr. Murphy haben seine Werke nichts von ihrer Durchschlagskraft verloren. Im Gegenteil, sie sind aktueller denn je. In dem neuen Buch aus dem Nachlaß des großen Lebenslehrers lernen sie Wasser in »Wein« zu verwandeln. Das »Wasser« des Mangels und der Begrenzung in den »Wein des Überflusses, des Erfolgs und des Wohlergehens.

Denken Sie in Lösungen statt in Problemen

Peter Kummer

Nichts ist unmöglich

Praxisbuch
des konstruktiven
Denkens

Herbig aktuell

Dr. Murphy lebt!

Mit diesem Praxisbuch können Sie die Techniken des konstruktiven Denkens erlernen und anwenden. Damit können Sie ihre beruflichen Zielsetzungen erreichen und ihre persönlichen Wünsche verwirklichen. Lernen Sie Ihr Leben, Ihre geistigen Möglichkeiten und Ihnen bisher unbekannte Kräfte Ihres Unterbewußtseins kennen durch die Macht des positiven Denkens.

HERBIG